攀岩

PANYAN SHI GE JISHU HUO

是个技术活

——攀岩实用技术指南

岩时攀岩　编著◎

電子工業出版社
Publishing House of Electronics Industry
北京 · BEIJING

内 容 简 介

不少人见过、听过、体验过攀岩，但攀岩究竟是怎样的一项运动？如何才能真正了解攀岩？

攀岩是一项不可思议的运动，不同身高、体重、年龄的人在同一个攀岩馆或野外岩场玩乐。在攀岩馆，我们可以见到世界顶尖攀岩运动员与刚刚开始学习的人同时训练。他们之间水平的差距与训练的差异具体在哪里？

本书从攀岩技巧出发，向攀岩爱好者系统介绍攀岩动作技巧、攀岩基本战术、攀岩体能专项训练、攀岩装备的正确使用与攀岩运动的保护技术。该书覆盖攀岩所需要的技术知识，可以引导攀岩爱好者入门，并帮助入门者系统提升攀岩技巧。

图书在版编目（CIP）数据

攀岩是个技术活：攀岩实用技术指南 / 岩时攀岩编著. —北京：电子工业出版社，2019.11

ISBN 978-7-121-37305-3

Ⅰ. ①攀… Ⅱ. ①岩… Ⅲ. ①攀登（登山运动）—基本知识 Ⅳ. ①G881

中国版本图书馆CIP数据核字（2019）第183412号

责任编辑：祁玉芹
印　　刷：中国电影出版社印刷厂
装　　订：中国电影出版社印刷厂
出版发行：电子工业出版社
　　　　　北京市海淀区万寿路173信箱　邮编　100036
开　　本：720×1000　1/16　印张：12　字数：256 千字
版　　次：2019 年 11 月第 1 版
印　　次：2025 年 7 月第 4 次印刷
定　　价：58.00 元

凡所购买电子工业出版社图书有缺损问题，请向购买书店调换。若书店售缺，请与本社发行部联系，联系及邮购电话：（010）88254888，88258888。

质量投诉请发邮件至zlts@phei.com.cn，盗版侵权举报请发邮件至dbqq@phei.com.cn。

本书咨询联系方式：qiyuqin@phei.com.cn。

前言

七、八年前一次偶然的机会，朋友带我去北京日坛公园体验了一次攀岩。作为平时经常运动的我，简单的交叉手动作练习了一晚上也没有做成。现在回想，除了初次体验攀岩时尚不懂攀岩的规范动作外，另一个原因是我的朋友也是刚开始攀岩，很难把他的经验传授给我。

这些年，随着周围越来越多的朋友迷上攀岩，我也投入大量的时间和精力练习攀岩。随着攀岩时间和经验的增长，我意识到单纯的埋头苦练，靠岩友之间交流技巧来提高自己的攀爬水平并不是一个高效的方法。攀岩作为一项运动项目，为什么不能有一套行之有效的训练方法呢?

两年前，我从攀岩的爱好者变成从业者，开始经营岩时攀岩馆。从教练员的角度并和其他岩馆的教练员交流的过程中，发现大家面临同样的问题：攀岩教学没有任何统一的标准，不同岩馆所教学的内容完全不一样，同一个岩馆不同的教练员的教学内容也不一样。于是在岩馆的筹备过程中，我们就开始着手开发这样的课程，根据我们自身的经验从零开始去做归纳总结，一点一滴地去规范教学内容。按照这样一套方式方法循序渐进的训练，减少初学时走的一些弯路，有效地提高攀岩水平，更能享受攀岩带来的乐趣。

编写这本书的初衷是为了在满足自己岩馆教学需要的同时，可以把我们在做这个项目过程中的一些经验分享给同行，希望能够得到大家的反馈，从而改进和提高自己教学的质量；同时也把这些经验分享给有需要的岩友，希望能为提高大家的攀岩技术带来一定帮助。

由于我们的编写水平有限，相信看到这本书的岩友会有很多不同的意见和建议，希望大家能够不吝指教，在后续的版本中我们将持续改进，把更好的资源分享给大家。

岩时攀岩创始人　魏俊杰

2019年10月

感谢您的支持，本书的所有版费收益将以攀岩支点、装备等实物形式，赠予中国登山协会青少年委员会用于中国青少年攀岩赛事活动。

序

攀岩是这个世界上最好的运动。

——李赞　北京大学法律硕士，曾任北京大学山鹰社攀登队长，《孤身绝壁》译者。

第一次接触攀岩是在2008年秋天，虽然相隔十余年之久，我仍记得当时的情形。那是学校社团组织的一个新社员攀岩比赛，比赛路线难度不大，可能只有5.9难度，大约15米高。不知是害怕脱落还是好胜心作祟，我一直爬到顶才脱手，下来之后手臂的那种酸胀至今记忆犹新。因为比赛成绩不错，我顺利地进入了攀岩队，跟其他新队员一起在老队员的指导下，系统地学习攀岩，就这样开始了我与攀岩的缘分。

攀岩难度说明：攀岩的难度取决于岩壁的角度、支点的跨度与大小、支点的位置和间距等因素，世界上几大岩区都有各自难度定级系统。以美国优胜美地难度定级系统为例，人类自由攀岩的难度从5.5起，截止到2019年8月完成的最高难度为5.15d。通常身体健康的普通人初次攀岩可以达到5.8～5.9难度，经过一段时间的训练之后可以攀爬到5.11难度，要到达5.13难度以上则需要专业而持久的训练。5.14d难度相当于百米赛跑中的10秒，需要极高的天赋和科学的训练。而每向上提高一个难度，都需要更多的努力。

攀登难度等级对照表如下所示。

攀登难度等级对照表

美国 YDS USA	英国 British Tec	英国 British Ad j	法国 French	国际攀登联合会 UIAA	萨克森 Saxon	澳大利亚新西兰 Aus/Nzl	南非 South Africa	北欧 Nordic 芬兰 Finnish	北欧 Nordic 端典/挪威 Swe/Nor	巴西 Brazil
3～4	1	M	1	Ⅰ	Ⅰ	1-2	1～2	1	1	Ⅰ
5.0						3～4	3～4			Ⅰ sup
5.1	2		2	Ⅱ	Ⅱ	5～6	5～6	2	2	Ⅱ
5.2		D				7～8	7～8			Ⅱ sup
5.3	3		3	Ⅲ	Ⅲ	8～9	8～9	3	3	
5.4		VD	4a	Ⅳ	Ⅳ	10～11	10～11	4	4	Ⅲ
5.5	4a	S	4b	Ⅳ+	Ⅴ	11～12	11～12	5-	5−	Ⅲ sup
5.6	4b	HS	4c	Ⅴ	Ⅵ	13	13	5	5	Ⅳ
5.7	4c	VS	5a	Ⅴ+		14～15	14～15			
5.8		HVS	5b	Ⅵ−	Ⅶa	15～16	16	5+	5+	Ⅳ sup
5.9	5a		5c	Ⅵ	Ⅶb	17	17～18		6−	Ⅴ
5.10a		E1	6a	Ⅵ+	Ⅶc	18	19	6−		Ⅵ
5.10b	5b		6a+	Ⅶ−		19	20		6	
5.10c		E2	6b	Ⅶ	Ⅷa	20	21	6	6+	Ⅵ sup
5.10d	5c		6b+	Ⅶ+	Ⅷb		22		7−	
5.11a		E3			Ⅷc	21		6+		7a
5.11b			6c	Ⅷ−		22	23		7	7b
5.11c	6a	E4	6c+		Ⅸa	23	24	7−	7+	7c
5.11d			7a	Ⅷ	Ⅸb	24	25	7		
5.12a		E5	7a+	Ⅷ+	Ⅸc	25	26	7+	8−	8a
5.12b			7b			26	27	8−		8b
5.12c	6b	E6	7b+	Ⅸ−	Ⅹa	27	28	8	8	8c
5.12d			7c	Ⅸ	Ⅹb	28	29	8+		9a
5.13a		E7	7c+	Ⅸ+	Ⅹc	29	30	9−	8+	9b
5.13b	6c		8a				31	9	9−	9c
5.13c		E8	8a+	Ⅹ−	Ⅺa	30	32	9+		10a
5.13d		E9	8b	Ⅹ	Ⅺb	31	33	10−	9	10b
5.14a	7a	E10	8b+	Ⅹ+	Ⅺc	32	34	10		10c
5.14b			8c			33	35	10+	9+	11a
5.14c	7b	E11	8c+	Ⅺ−		34	36	11−		11b
5.14d			9a	Ⅺ		35	37	11		11c
5.15a			9a+	Ⅺ+		36	38			12a
5.15b			9b	Ⅺ+/Ⅻ−		37	39			12b
5.15c			9b+	Ⅻ−		38	40			12c

*信息来自维基百科Grade(climbing)词条，https://en.wikipedia.org/wiki/Grade_%28climbing%29

*在英国难度等级中，技术难度Technical和风险形容Adjectival相互关联，E等级是对于路线放置保护的难易程度、第一个保护位置的高度、导致坠地的可能性、攀登的危险程度等因素的综合感受。

虽然接触攀岩的时间很长，但是期间一直断断续续，所以我很多年都没有爬到过5.12难度了，这个是考验你对攀岩是不是真爱的难度。类似马拉松运动的330，在攀岩中5.12难度了就是需要投入相当的时间和精力，甚至牺牲做其他运动或者陪家人的时间才能达到的一个数字。跟其他运动相比，攀岩需要更多的坚持和自律，一周两次攀爬你只能保持现有水平。即使一周三次攀爬，你可能还处于平台期。但是也不能完全释放自己的攀爬欲望，爬太多、爬太狠，伤病又会找到你。因为攀岩对手指、手腕和肩关节的压力很大，负荷太大或者休息时间不足时这些部位很容易受伤，不能太多，又不能太少，攀岩就是这样一个需要你小心对待的运动。

攀岩又是一项容易让人着迷的运动。前有一批批栖居在优胜美地峡谷的流浪攀登者，现有一周到岩馆打卡3次的朝九晚五的上班族，不同的时代，不同的地点，不同的人群，有着相同的运动。一些攀岩者曾说，攀岩是这个世界上最好的运动。是否最好姑且不论，攀岩带给人的挑战确实是全方位的：心理、体能、技术。

1. 心理方面

恐高、害怕脱落是人类的一种本能保护机制。作为一种高空运动，攀岩本质上就会给人制造心理压力。

一方面，如何应对这种压力，是攀岩者离开地面开始攀爬时首先需要解决的问题。攀岩运动的发明者应对这个问题的方式是使用绳子等一系列保护装备。攀岩发展的早期，使用的保护装备极其简陋，攀爬过程中脱落是致命的，也被认为是不可接受的。现在的装备经过上百年的发展，已经非常可靠、坚固，不仅能够承受冲坠，而且能够吸收冲坠产生的冲击力，给予攀岩者全面的保护。在操作得当、使用规范的情况下，现代攀登装备的出错率几乎为零。

另一方面，高空、脱落风险带来的心理压力又是攀岩这项运动的精髓。历史上有些区域开发攀岩路线时甚至规定，保护点之间的距离不得少于3米，一条路线上的保护点不能超过特定的数量。有些区域的路线出于历史或环保原因仍然刻意保留着这种风险，裂缝路线上不允许使用膨胀螺栓做保护点，只能使用不对岩壁产生永久性破坏但强度更小的岩塞机械塞。而东欧的Saxon区域岩壁甚至连岩塞机械塞都不允许使用，只能把绳套打结后用木棍捅进裂缝里做保护。无保护攀登（Free solo）是把脱落风险推向极致的一种攀岩形式，虽然从事的人不多，但总有一些人希望在征服内心恐惧后体验更强大的自我。

对于高空、脱落的恐惧只是攀岩带给人的一种心理压力。除此之外，攀岩比赛选手会有来自竞争对手或者夺取好成绩的压力；On-sight（首攀）困难路线的攀岩者会有应对各种未知和意外情况的压力；而红线攀岩者会有渴望成功和自我怀疑的压力。心理挑战是攀岩运动中必不可少的部分，也是带给人最多成长的方面。在攀岩中迷茫时，不妨回归内心，问问自己有没有在心理上变得更强大?

On-sight（首攀）、Flash（看攀）、Redpoint（红点）是3种不同的完攀路线方式，详见第三章第五节“大岩壁路线攀爬技巧”。

2. 体能方面

走进攀岩馆观察一下攀岩者的身材，你就知道攀岩是一项对身体素质要求多么高的运动。岩馆中几乎没有非常胖的人，大部分都是上肢肌肉线条特别明显、身材偏瘦的人。攀岩是一项向上的运动，力量体重比直接影响着攀爬能力。减肥是身材偏胖的人提升攀爬水平最快的方式，因此留在岩馆中继续攀岩的几乎都是饮食自律或者热爱运动者。

手臂特别有劲可能是大众对于攀岩者身体特性的第一印象。事实也确实如此，但又远不止于此。攀岩是攀岩者的身体在一条岩石路线上移动，不同的路线对攀岩者的身体要求是不同的。例如，长路线一般需要攀岩者的手臂有耐力，而根据路线上支点大小的不同又分有氧耐力和无氧耐力。而大仰角路线又需要攀岩者具有良好的核心和肩背力量。一个攀岩者需要均衡发展身体各个部位肌肉素质才能胜任不同类型的路线。

上肢力量素质几乎从攀岩诞生时就受到了攀岩者的重视。一些优秀的攀岩者甚至为了锻炼上肢发明了许多专用的工具，如美国著名徒手攀登者John Bachar发明了锻炼手臂拉力的bachar梯，德国攀岩天才Wolfgang gullich发明了锻炼手指力量的校园板。近几年随着攀石（攀石也被称为抱石，指攀岩者在没有绳索保护的状态下攀登不超过5米高的岩壁。攀石主要依靠下面铺设攀石垫进行缓冲保护）比赛的发展，攀石路线对攀岩者下肢的要求愈发凸显，如大跨度的dyno（动态）需要较强的跟腱力量，脚点变成造型面考验攀岩者的脚踝力量，挂脚跟对于膝关节周围肌肉有较高的要求。攀岩能锻炼到人体所有的肌肉。

3. 技术方面

攀岩是个技术活，每个岩友对这句话可能都深有体会。脚尖踩点、手臂伸直、正蹬侧蹬是刚接触攀岩的初级岩友经常训练的基本技术；挂脚、dyno、三脚猫在中级岩友聚到一起磕线时会被频繁提及；手脚协调移动、double或triple dyno则是竞赛中的专业选手呈现的动作常态。这里的技术主要是指身体移动方面的技术，也就是我们通常所说的动作库，如发力的方式、手脚的配合、移动的效率、动作的准确性以及最重要的减轻上肢负担的技巧，这是本书主要研究的对象。好的技术可以节省更多体能，帮助攀岩者攀爬更难的路线。

攀岩又称为岩壁上的芭蕾，原因就在于攀岩具有与芭蕾同样优美的动作。优美的动作也就是好的技术，它与攀岩者的攀爬水平没有直接关系。一个只有5.10难度水平的人可以爬得流畅而轻盈，而一个5.12难度水平的攀岩者的动作可能紧张而费力。攀岩也是一项身体移动的艺术，舒展优雅的动作应该成为每个攀岩者的目标。

技术由身体输出，与身体素质密切相关。好的技术能够发挥身体现有素质的最大潜能，而好的身体素质能够解锁更多的技术。观看视频时，我们经常羡慕专业运动员体能方面展现的惊人的力量素质，但是要知道他们是在攀爬了大量的路线，动作库已经十分丰富的情况下再去加强身体素质训练。而初、中级攀岩者动作库一般不够丰富，注重攀爬技术训练会有更大的帮助。

攀岩进入2020东京奥运会，《孤身绝壁》斩获2019年奥斯卡最佳纪录片。攀岩与这两项重要事件发生关联，从一项小众运动逐渐向主流运动转变，吸引了越来越多的人关注和参与。笔者作为一名走了不少弯路的岩友，相信这本书会给广大攀岩爱好者带来帮助。

目　录

第一章 攀岩身法与手法脚法

第一节　攀岩从姿势开始学起

攀岩是一项不可思议的运动，不同年龄、身高、体重的人都能够参与这项运动。

国家攀岩队的专业运动员与刚刚开始学习的普通岩友可能在同一个攀岩馆训练。身材魁梧的男性爬不了的地方，体型纤细的女性可以轻松地爬上去。

近距离观察高手攀爬时很容易发现，越是攀爬能力强的人，攀爬姿势越漂亮，对身体的控制能力越强，越不易受伤。

“重心下沉、手臂伸直、三点平衡”是初学者最先接触到的攀岩口诀，也是攀岩基础姿势的三个要素。

攀爬动作与走路、跑步一样，是任何人只要站在岩壁前就自然会做的动作。正是因为如此，初学者在最初学习攀登的时候，往往很容易忽略思考什么样的攀爬姿势是正确的。

学习具有相对完善成熟体系的运动项目时，记住正确的动作姿势是通往高手的捷径。例如，棒球的投球姿势、击球姿势，高尔夫球挥杆的姿势等，都是必须掌握并需要反复进行练习的。攀岩运动也是如此，想要成为一名攀岩高手，学习和掌握正确的攀爬姿势至关重要。

图1.1　野外攀岩

1. 掌握正确攀爬姿势的三大好处

（1）促进攀爬能力飞速提升

在掌握正确攀爬姿势的基础上，通过提高肌肉耐力、身体协调性及柔韧性，攀爬水平可以得到飞速提升。

（2）预防事故与受伤

正确的攀爬姿势会侧重使用不容易出问题的部位，以此来减轻手指、手肘、肩、腰、膝盖等部位的负担，有效防止出现事故，避免受伤。

（3）学会漂亮地攀爬

如果攀爬的姿势是正确的，那么在攀爬的时候，就会显得很顺畅，动作看起来很漂亮、很舒展。有经验的攀岩者攀爬的时候就有这些特点，让人看起来很舒服。

2. 正确的攀爬姿势是什么样的

攀岩是行走与登山的延续。人类在行走的过程中双腿反复切换，将身体的重心不断移动以达到向前推进的目的。登山则是身体倾斜向前向上攀登的过程。无论是行走、登山还是攀登，人体腿部始终需牢固地支撑身体。不需要借用手或其他外力就能够轻松登山的人，说明协调性非常好，很擅长协调地移动身体重心，他们通常很适合攀岩。

攀岩动作追根溯源是借助腿部力量将身体的重心不断转移以实现身体向上的动作。“重心下沉、手臂伸直”正是为了将身体重心保持在核心部位，借由腿部发力实现攀爬的基本要素。

（1）最大限度利用身体结构去攀登

中国拳谚有云“手是两扇门，全凭腿打人。拳打三分，脚踢七分。”这个道理对于攀岩同样适用。

腿部的肌肉群比手臂多，力量比手臂大。手的反应能力和灵活性远远胜于腿。不过人体最强壮的还是脊柱、盆骨及其周围的肌群构成的躯干部位，躯干可以产生大量能量。其中，腰、骨盆、髋关节以及周围的肌肉构成人体的核心区域，该区域的肌肉在人体运动中起到稳定、传导力量、发力减力等作用。这些肌肉群对人体在移动过程中保持平衡也起着非常重要的作用。

总的来说，在攀爬的过程中，腰是人体的发动机，腿与脚是油门，手臂与手是方向盘。合理有效地将三者结合，让强壮的地方更加强壮，灵活的地方更加灵活，对学习攀岩的正确姿势与避免运动损伤非常重要。

（2）重心与平衡是攀爬姿势的关键

攀岩被称为岩壁上的芭蕾。从身体姿态来看，芭蕾舞者用脚尖站立，一边的手指向远处延伸。这个动作与攀岩者站在支点上去抓目标支点的动作相似。从动作上看，动态发力、上高脚、勾脚、侧身等形似的动作在两项运动中均有展现。

芭蕾舞者在表演或训练时不能过多偏离重心与立足脚的垂线，攀岩动作技巧同样强调正确掌握自身重心的位置，灵活移动身体的重心。身体平衡能力越强，重心越容易准确落在最有力的部位。

芭蕾舞者之所以能够用脚尖站立，依靠的是极强的身体平衡性。攀岩者如果在支点上也能像芭蕾舞者一样，平稳向远处延伸手指，那就能使用最小的力量完成攀岩动作。攀岩者在攀岩过程中应明确自己重心的位置，灵活地控制重心的移动，将身体置于合理省力的位置，减轻上肢负担，保持身体平衡。

3. 如何保证正确的攀爬姿势

（1）核心区域的正确表现

前面认识到使用正确姿势攀爬的重要性，但在真正攀爬时却很难做到位。

使用正确姿势攀爬的前提是保证重心到位，而重心到位的前提是人体核心区域所在位置准确。

人体核心区域如果做不到位置准确，攀爬姿势就会是错误的。事实上，人们很难精准感受到核心区域。初学者在攀岩时，可简单通过自我觉察腰部是否贴近岩壁，是否绷住不垮塌来判断核心区域。

正确的攀爬姿势其实也是人体站立行走的正确姿势，想要长久保持良好的体态，就要尽力控制核心区域稳定、不垮塌。核心区域的稳定有力为掌握正确攀爬姿势提供了充分的条件。

图1.2　室内攀石

（2）核心区域的错误表现

什么是垮塌的核心区域，可以做一个简单的比喻。

假设臀部坐在椅子前端，在驼背的状态下做双臂上举的动作。正确使用核心区域，以正确的姿势做双臂上举的动作。如果核心区域是垮塌的，就很难顺利地把手举起来。转换到攀岩环境下，如果核心区域是垮塌的，本来可以够到的支点就够不到了。而且如果攀岩者总是重复这个错误动作——在核心区域垮塌的情况下持续强行伸直胳膊——会给肩、肘、背和腰造成很大的负担，出现事故的概率也会大幅度提高。

4. 攀岩发力与力量传递

攀岩动作是通过力量传导完成姿态变化来实现的。理解力量如何传导到身体各个部位，对掌握攀爬技巧可以起到很大的帮助。

（1）减轻上肢负担的攀岩方式

对抗重力向上攀爬的攀岩运动比其他运动对于上肢的要求更严格、使用更残酷，因此不少人认为通过锻炼提高上肢的力量、提升肌肉耐力是提升攀岩水平的主要方法。事实上这种方法也确实可以提高攀爬能力。

上肢力量强大固然能够成为攀岩者的极大优势，不过，本书所倡导的正确攀岩姿势是针对普通攀岩爱好者的，是通过减轻上肢负担降低身体受伤概率的攀岩方式。

上肢是人体行动的方向盘，优势在于其反应能力与灵活性。力量并非上肢的强项，同时上肢又是相对容易损伤的部位。就攀岩项目的开发潜力而言，上肢的可开发潜力远小于腿部与核心部位。

比起锻炼上肢，有效使用人类与生俱来便能产生巨大能量的腿部与核心部位，更能安全合理地提升攀爬能力。

（2）将脚部发力传送到躯干

攀岩中脚的重要性无须多言，但具体是指脚的哪一部分呢？通常人们常强调脚尖发力，很多人都会默认这里的脚指的是脚尖。脚尖确实是身体与岩壁的重要接触点，也是发力的起点。但是经常有这样的例子，用脚尖踩住支点发力，来自脚的力量却停止在大腿，无法将身体重心抬高。

攀岩移动时，不仅需要用脚尖发力，也需要使用脚心的三角形区域移动身体，产生更大的能量。脚心三角形区域由大拇趾根、小拇趾根、脚跟正中间三部分组成。攀岩时，虽然脚心三角形区域几乎不会碰到支点，但可以通过使用这个区域对脚尖所产生的力进行更有效的传导。

通过脚心三角形区域传导的能量，会经过大腿到达臀部，同时髋关节自然拉伸，这样传递的能量就会从臀部被运送到脊背。

竞技款攀岩鞋足底多有清晰的拱形弯，这个拱形弯不仅能让脚尖保证朝下的姿势，更做到有效地使用脚部肌肉，将身体推上去。

控制脚心三角形区域的有效性已经被短跑、跳高等运动证明过，排球和篮球等跳跃型竞技选手、网球和足球等移动型竞技选手也会活用脚心三角形区域。自然，攀岩者也需充分利用这项生理特征。

（3）臀部与脊背呈对角线的攀登

要做出正确姿势的基础是熟练运用人体构造。骨盆与脊柱是人类为满足直立行走而发达起来的身体部位，也是人类产生巨大能量的中心部位。人们在攀岩时，应最大限度地利用躯干或核心区域的力量去攀爬。从走路姿势可以看出，人体的工作逻辑在于臀部和脊背呈对角线运动。

① 行走时，下半身和上半身呈对角线运动。左腿出去时右手向前摆，右腿出去时左手向前摆。攀岩动作也一样，右手抓点左腿往上，左手抓点右腿往上。当臀部和脊背呈对角线时，人体便会更有效率地工作。

② 使臀部和脊背成对角线的攀爬是理想状态。臀部和脊背的肌肉本身就比其他部位的肌肉健壮，在对角线上使其协调工作，人体结构就会容易被激活，进而产生出更大的能量。当手部、脚部发力与臀部和脊背呈对角线产生的能量同时启动，并协调发力时，人类攀爬的能量便能实现最大化。

第二节　减轻手指负担的攀岩手法

手是身体的方向盘，攀登中使用手的目的是使身体更轻松地在岩壁上移动或贴近岩壁，而非完全依靠手臂的力量拉起身体。攀岩手法的要点也在于，首先保证攀岩者能够在岩壁上稳定移动，其次利用手来维持身体平衡，最终达到减轻抓握点手指负担的目的。

丰富的手法和灵敏的手感会使攀爬更省力，对攀岩有非常大的帮助。减轻抓点手指负担，则是保证攀岩者耐力持久、不易受伤、能够长期攀岩的关键。

1. 如何减轻抓点手指的负担

① 攀爬时需根据支点形状使用不同的手法。

② 攀爬抓握支点时，手腕放松，伸直不外展，尽量与手保持在同一平面，内凹或外翘均会影响手指力量的效率。

③ 增加手指与支点的接触面，如尽量使用大拇指抓握。

④ 手臂作用力方向与支点开口方向相反，手指对支点抓握用力方向变化，决定身体位移改变。

⑤ 手指抓握支点不要过于用力。

2. 攀岩手法种类与解析

岩壁上的支点形状很多，攀岩者对支点形状的熟悉程度、不同支点应抓握的位置及如何用力，也会影响其攀爬的路线难度。

攀岩手法可以根据支点形状、支点朝向、支点抓握手法等进行分类。

支点根据形状可分为Jug、Pinch、Crimp、Slope、Pocket等；根据支点朝向可分为正向、侧拉、反提、反撑；根据支点的抓握手法可分为抓、握、捏、抠、压、摁、搭、戳、搂、撑等。

野外攀爬与竞技攀爬常用的支点也有所不同。在实际应用中，攀岩者应根据自身攀爬目的，尽可能多地接触不同样式的支点。攀岩者可通过攀爬不同风格的路线，增加攀岩的动作库，不断积累对支点的认识与了解，熟练掌握多种手法的运用，进而形成身体记忆，最终在实际攀爬中可以不假思索地快速反应，使用最佳的攀爬手法。

（1）抓

抓的手法主要适用于Jug支点，Jug是最基础的支点，通常大而有凹槽，可以被轻松抓住，如图1.3所示。

（2）抠

支点的受力面短小，只能用指尖抓，如图1.4所示。可将除拇指外的四根手指并拢抠于支点着力面，如果四根手指力量不足，可以将拇指抵在旁边或压在食指上来提高支撑力。其中抠又可以细化分成多种抠，这里暂不展开讲解。

图1.3　抓

图1.4　抠

（3）捏

支点多呈垂直或垂直方向角度，需要拇指在一侧，其余四指在另一侧，拇指与其余四指相对用力捏住支点，如图1.5所示。

捏的动作要点有以下几点。

① 虎口贴住支点，以摩擦的方式握紧，获得更大的支撑力。

② 手掌下半部下拉固定在支点上，这样可以使手指紧密贴合支点，形成更大的支撑力。

（4）压

可以用手按住的球形点（Open支点），通常采用压的形式。将指腹按压在支点上，利用手指的摩擦力来固定，如图1.6所示。

（5）扒

扒的手法主要适用于Slope支点。扒是指呈半球状或像坡面一样倾斜光滑的斜面支点，如图1.7所示。通常Slope支点无法用手握住，且没有凹槽。此类支点着力点不明确，原则是用全部手指与手掌扒在支点上，靠整个手掌的摩擦力稳定。

图1.5　捏

图1.6　压

扒的动作要点有以下几点。

① 降低重心，加大整个手掌的摩擦力。通常手臂处于伸直状态，发力方向向下。

② 整个动作稳定的重点在于调整全身的平衡。

③ 如需要进一步动作，发力的瞬间手的位置与角度也不能改变。特别是提高重心的时候，手的角度会自然向上，这样手就很容易脱落。

④ 压与扒均属于开放式抓法。开放式抓法对攀岩者的心理要求较高，但与抓、抠等封闭式抓法相比更加省力。

（6）抠指洞

指洞点（Pocket支点）可以分为多指洞、双指洞、单指洞。

多指洞原则上把除拇指外其他尽可能多的手指放入并抠紧支点，如图1.8所示。

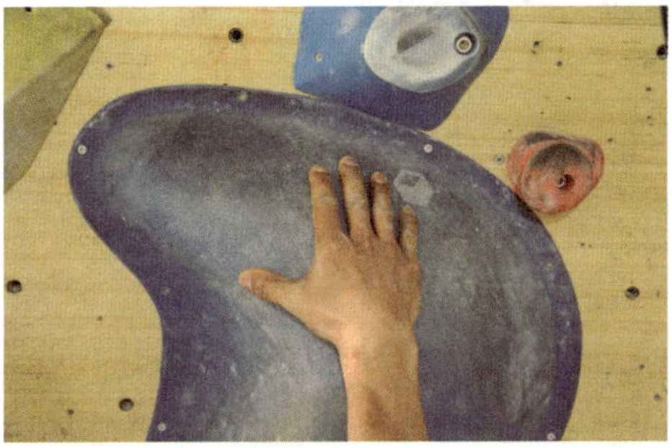

图1.7　扒

图1.8　抠指洞

双指洞的双指使用有两种选择，中指与食指的组合最为有力，不过中指与无名指关节同一个高度弯曲，所以使用中指和无名指抠指洞比较稳定。中指与无名指的组合用得也更普遍。

单指洞通常采用中指勾的形式，单指洞会对手指带来巨大的压力，容易造成肌腱受伤，要谨慎使用。

（7）侧拉

侧拉是针对竖直的长条支点、岩壁板边、缝等，从侧面拉住支点来支撑的方法。侧拉时，要用手指与手掌根部将支点夹紧，如图1.9所示。

（8）反提

用手从下方握住，站立起身体用高度稳定自己的重心，如图1.10所示。

多用于那些上面没有可抓握区域，开口朝下的支点。

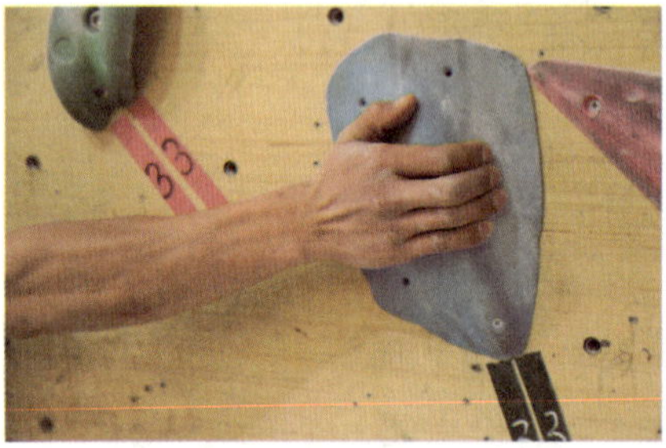

图1.9　侧拉

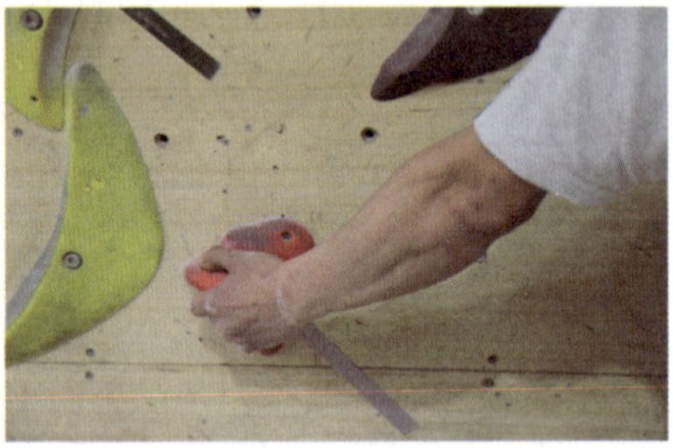

图1.10　反提

反提最佳受力高度是胸部到膝盖这段区间。动作要点是迅速提高身体重心，将受力点集中在脚上。反提手法主要是维持平衡，将身体更紧密地贴近岩壁。

第三节　有目的地使用脚法

好脚法的核心在于脚尖能牢固踩住支点，可以在任意时刻使脚自由旋转或转换。由于腿的负重能力与爆发力很强，而且耐力持久，攀登中要充分利用腿脚的力量。

通常来说，脚法好坏跟攀岩水平高低成正比。

1. 适用于初学者的脚法原则

① 脚点只有一个部位是脚踩踏的有效部位，准确找出脚点最佳受力部位。

② 用脚尖踩点，不要将整个脚掌放上去。尽量使脚在承力情况下能够左右旋转，以方便侧身、换脚等进一步动作。

③ 脚点踩好后，不要轻易移动脚的位置，不要轻易改变脚尖和脚腕的角度。

④ 脚腕放松、平放，踝关节柔软度直接影响身体重心左右移动范围。

⑤ 不要发出脚撞岩壁的声音。

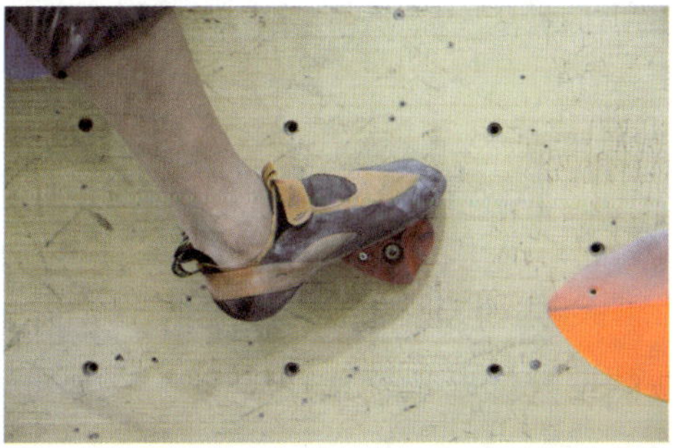

(a)

图1.11（a）、（b）：把整个脚掌都放在支点上，无法旋转移动
图1.11（c）：脚跟始终抬起，脚腕始终绷紧

(b)

(c)

图1.11 错误的脚法示范

2. 好脚法的基本要求

① 用脚尖踩点，脚踝处于放松状态，脚跟一般是下垂的。

② 脚尖用力蹬的同时，脚心三角形区域向脚腕传递能量。同时脚跟抬起，把能量传导到核心区域与脊背。

特殊脚法： 并不是在所有的脚点上都能抬起脚跟，如在野外坡面路线上，抬起脚跟有可能脚会脱落。这种情况下尽量增加脚与支点的接触面积，来增加摩擦力，优先保证踩的时候不要滑下去。

3. 攀岩脚法种类与解析

（1）根据脚的朝向可以分为以下几种。

① 脚尖内侧踩点。

脚尖内侧踩点是用脚尖内侧（大拇趾）踩脚点的方法，脚的内侧贴近岩壁，日常使用频率很高。

内侧踩点并不是随意把脚放到支点上，而是要对支点受力位置精确把控，用拇趾尖去感受支点的有效受力位置，如图1.12所示。

② 脚尖外侧踩点。脚尖外侧踩点是用脚尖外侧踩脚点的方法，脚的外侧贴近岩壁。随着岩壁倾斜程度增加，这种方法的使用频率也会增加。

外侧踩点有时会让攀岩者有一个良好的平衡，同时也起到休息作用，如图1.13所示。

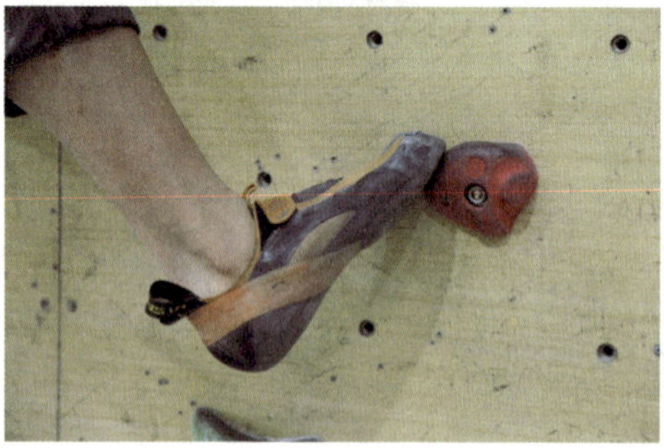

图1.12　脚尖内侧踩点

图1.13　脚尖外侧踩点

③ 脚尖正踩。脚尖正踩是脚尖垂直面对岩壁踩脚点的方法，脚跟下压，在踩小脚点时可以使用，如图1.14所示。

（2）根据脚点形状可以分为以下几种。

① 边缘（Edging）

用脚尖内外侧边缘支撑脚点发力，是使用频率很高的基础脚法。

面对边缘平滑或半扁平的脊状支点，用攀岩鞋内侧、前脚掌或脚尖的部分在支点上移动。也可以用脚尖外侧踩点的方法来保持平衡，让脚趾休息，如图1.15

所示。

图1.14 脚尖正踩

图1.15 边缘脚法

② 摩擦（Smearing）

摩擦是用脚掌蹭在岩壁上，利用攀岩鞋底部摩擦力保持稳定的脚法。用脚掌和脚趾压住凹凸不平的岩面，利用自身重量来增加摩擦力。摩擦脚法的重点在于最大限度利用岩壁微小起伏和粗糙性质，岩壁与鞋底间的摩擦力越大该脚法越有效。为了让鞋底更大范围地接触岩壁，脚跟要下垂，向上爬的时候脚踝要柔软，如图1.16所示。

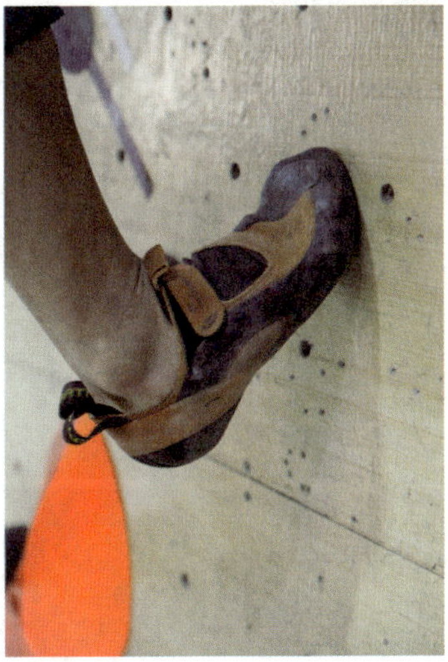

图1.16 摩擦脚法

摩擦脚法在野外大块板岩或大型支点上的使用频率较高。

在野外练习该脚法，可以找一个低角度、平滑的大石头，不用手臂向上攀爬，而是感受鞋、身体重量与岩面产生的摩擦力。在攀岩馆训练时，可以手抓大的支点，然后用脚在岩壁的岩面进行练习。

（3）根据脚的使用方法可以分为以下两种（详见第二章）。

① 换脚

将第二只脚移动至第一只脚点上，并对第一只脚进行置换。

② 交叉脚

如文字表达的那样两脚交叉的方法。

LA SPORTIVA 供图

第二章 攀岩动作与技巧

攀岩的过程就是通过攀岩动作的串联，使身体移动，完成身体静态平衡间的转换。随着攀岩运动特别是竞技攀岩的不断发展，攀岩动作无论从种类还是数量上都有明显增加。本章将系统地对现阶段比较常用的攀岩动作与技巧进行介绍与分析。

第一节　攀岩基本动作

正身动作、侧身动作、交叉手、交叉脚、换手、换脚这六组动作在攀岩过程中会大量使用，故称为攀岩基本动作。

1. 正身动作

正身，顾名思义是指身体正面面对岩壁。

正身姿势是最常见的面对岩壁的姿势，稳定的正身姿势通常需要三点来平衡。

正身动作一般是指膝盖发力方向与目标点方向一致的发力动作。

正身动作发力分为横向和纵向两种，动作要点是由脚来推动膝盖、带动腰背、移动重心发力。待抬高重心后，手臂再发力，如图2.1所示。

图2.1　基础正身动作

注意事项：

① 手腕放松抓握支点，手臂伸直不要锁定，手指不要用太大的力。

② 上肢放松，将重心尽量落在脚上。肩膀放松，髋部尽量贴近岩壁，减小核心区域与岩壁的夹角。如果核心区域与岩壁的夹角太大，手、肩、背部都需要付出更大的力。

③ 下肢放松，随时准备配合脚法去踩点。

④ 脚跟下沉，这样可以增加攀岩鞋与支点之间的摩擦力，减少脚踝压力。

2. 侧身动作

侧身，是指身体侧面面对岩壁。通常膝盖发力方向与目标点方向相反。

侧身的作用力脚要利用脚尖外侧踩点，也就是脚尖偏向小脚趾一侧。非作用力脚打开，脚尖内侧踩点。如果非作用力脚没有脚点，可以用前脚掌踩岩壁。

侧身动作要点是将重心放在作用力脚上，下肢、核心区域、肩膀相互配合，旋转向上发力，同时调整支撑手和手腕对支点的作用力方向，如图2.2所示。

图2.2　基础侧身动作

3. 交叉手

人工岩壁横移中经常用到交叉手动作。

应用场景：

① 当横移时使用交叉手动作，可简化出手顺序，提高移动效率。

② 使用一次性通过的交叉手动作，效果优于选择两次效果不好的换手动作。

动作要点：

① 重心往下放，用支撑手侧肩膀固定做轴，向内侧转动腰部带动上身旋转。

② 作用力一侧的腰部、肩膀、手臂需相互配合，而非只用手臂去抓目标手点。

③ 交叉手时支撑手臂会挡住视线，需要在动作之前提前确认好脚点位置。

④ 先调整好身体重心，再做相应的动作。

交叉手分为上交叉和下交叉如图2.3与图2.4所示。当目标手点位于支撑手点上方时，多使用上交叉。如果使用下交叉，作用力手会被另一只手臂挡住，导致距离拉不开。

图2.3　交叉手-上交叉

图2.4　交叉手-下交叉

目标手点在支撑手点的下方时可以使用下交叉。下交叉可以让身体更加紧密地贴合岩壁，使更多的体重落在脚上，是比较稳定的移动方法。

4. 交叉脚

交叉脚分为内交叉和外交叉，顾名思义是指作用力脚在固定腿的内侧或外侧交叉，如图2.5与图2.6所示。

交叉脚使用频繁，最大的作用是提高攀爬效率，减少换脚动作，进而减少因为换脚而产生的失误以及过多的体能消耗。

图2.5　交叉脚-内交叉

图2.6　交叉脚-外交叉

5. 换手

换手是指将第二只手移动至第一只手的手点上，并对第一只手进行置换。

应用场景：

① 当手点附近没有好的手点时，必须换手才能抓住。

② 为了调整出手顺序而进行换手。

③ 为了甩手休息而换手。

④ 当目标手点距离很远时，可以使用换手动作。

根据手点的大小抓握方式不同，有以下四种换手方法。

（1）预留式换手

当手点较大，有两个以上有效位置时，可容纳两只手同时抓握。以预留式换手的重点是为另一只手预留有效位置，另一只手抓上去即可进行换手，如图2.7所示。

图2.7　预留式换手

（2）替换式换手

手点较小，有效位置仅允许一只手抓握。这种情况下可采用手指逐个交换的方式进行换手，如图2.8所示。

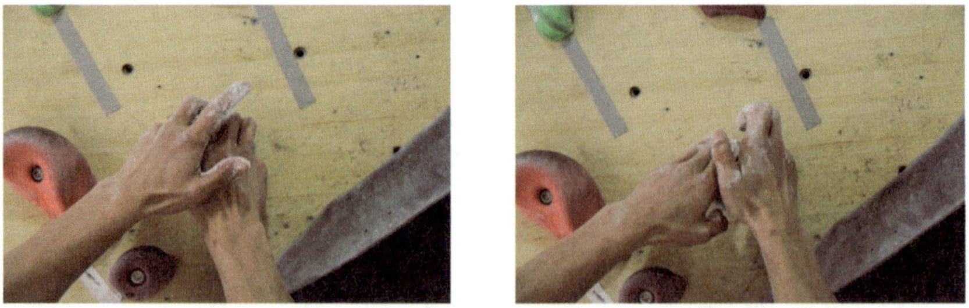

图2.8　替换式换手

（3）平衡式换手

平衡式换手属于预留式换手的一种特殊形态，如图2.9所示。在圆包等没有明确抓握部位的Open点上换手，重点是掌握好身体重心。一般来说圆包的有效位置在左右两侧，换手的要点在于重心要向第二只手有效位置相反方向移动。通过移动重心，加大着力手与指点的摩擦力来稳定地抓住支点。

图2.9 平衡式换手

（4）握杯法换手

握杯法换手可采用预留式或替换式两种形式，如图2.10所示。握杯法换手主要针对手点有一定厚度且宽度狭窄，单手或双手可以在上面摆出抓握杯子的姿势。若第一只手在摆出抓握杯子的姿势后，能够将手点中间位置预留出来，则采用预留式。若第一只手抓握后另一只手没有抓握空间，则采用替换式。握杯法对第一只手的位置与力量要求更高。

图2.10 握杯法换手

6. 换脚

换脚是指将第二只脚移动至第一只脚点上，并对第一只脚进行置换。

换脚的要求是双手一定要分开。如果双手太近，身体容易旋转导致不平衡。换脚时尽量让重心落在脚上再替换。

根据脚点的大小，换脚主要有以下两种方法。

（1）预留式换脚

当脚点较大时采用预留式换脚，如图2.11所示。动作的重点是尽量用脚尖去踩脚点，减少单只脚的踩点面积。

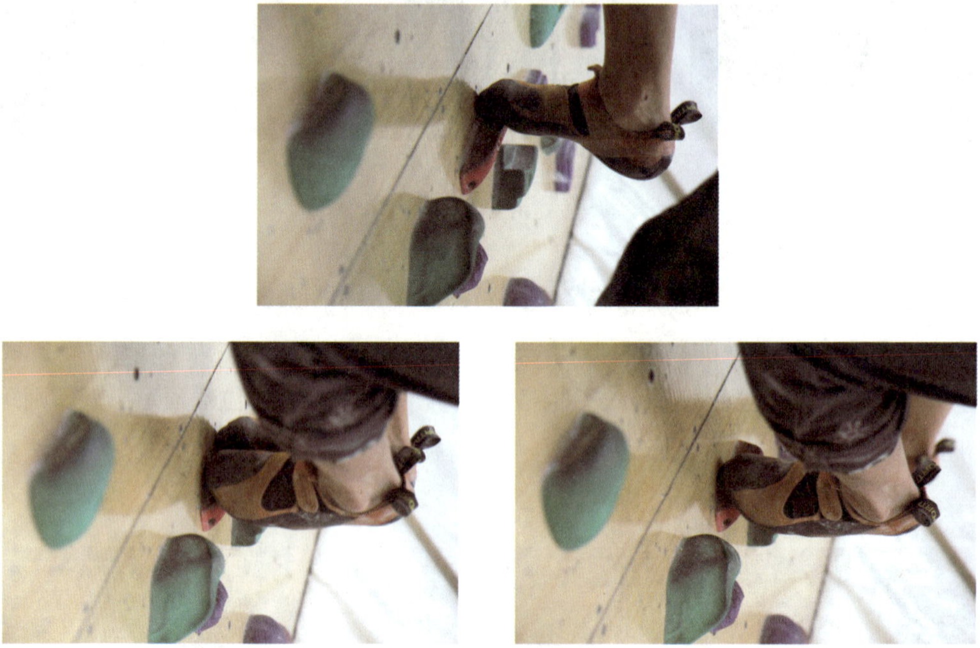

图2.11　预留式换脚

（2）切入式换脚

当脚点较小时，一只脚踩在有效位置，另一只脚就没地方可放，这种情况就要采用切入式换脚，如图2.12所示。转动第一只脚与支点间形成一定的缝隙，另一只脚在缝隙间切入。第一只脚继续转动慢慢挪走，第二只脚成为着力脚。动作重点依旧是尽量用脚尖去踩脚点，减少单只脚的踩点面积。

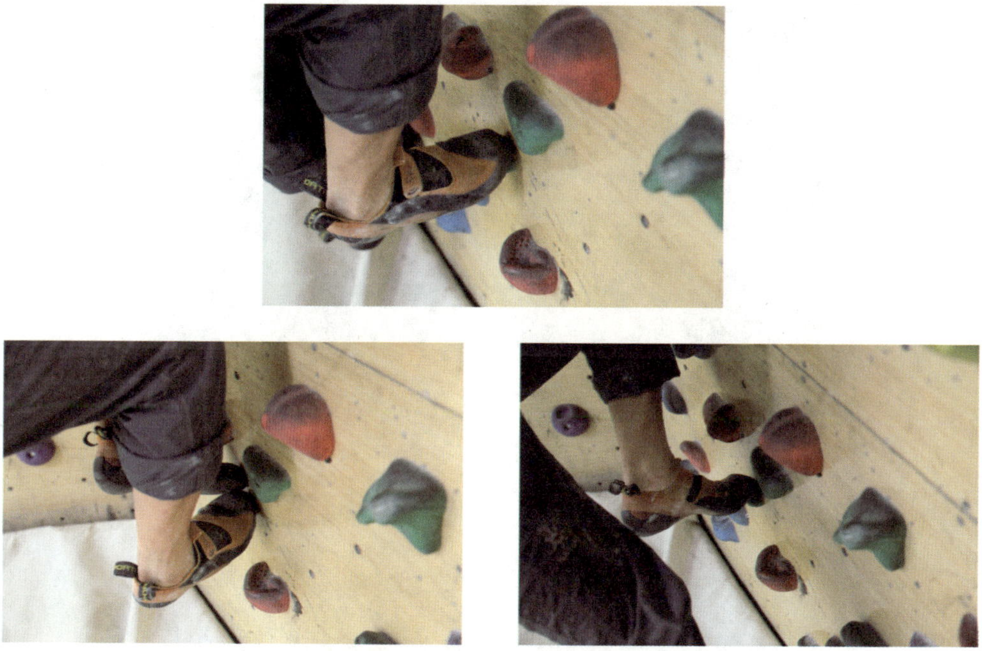

图2.12 切入式换脚

第二节 上高脚

上高脚是指作用力脚上到高处的支点，去抓目标支点的移动动作，如图2.13所示。做这个动作时，通常髋关节打开超过90°。

应用场景：

① 当目标脚点位于支撑手与目标支点中间的高度时。

② 当目标支点较远，只有使用上高脚才能抓住目标支点时。

③ 当中间出现不好踩的脚点或没有脚点时，使用上高脚可以省略烦琐的动作，直接蹬上一个好踩的脚点。

④ 上高脚可以用来改变身体的位置。

图2.13　基础上高脚

动作步骤：

以左手支撑，右脚上高脚为例。

① 右脚踩上目标脚点并踩稳，保证后续动作不会轻易脱落，膝盖可以向前稳定移动。

② 左脚发力，迅速提高身体，将重心转移到右脚上。

③ 左腿膝盖向下，脚跟抬起，打开髋关节，右脚跟顶在臀部。

④ 支撑手往下推将重心持续抬高。左脚可下垂或支撑在岩壁上提高稳定性。

⑤ 重心完全转移到右腿后再出手抓目标点。如果重心尚未完全转移就贸然出手，会加重支撑手的负担。

⑥ 如果很难保持平衡或者倾斜度很高，也可以在转移重心的同时出手抓住目标手点。

动作要点：

① 上高脚的完成度取决于重心的移动，整个动作的重点在于将重心从起始位置移动到高脚点的正上方。

② 胸部、腰部要贴近岩壁。即使坡度很陡也要贴着岩壁移动，这样体重才能落到脚上，减轻手的负担。

1. 基础上高脚

（1）上高脚

作用力脚置于两手外侧的上高脚动作是最基础的上高脚，作用力脚用脚尖去踩支点，如图2.14所示。

训练贴士：

在保证核心区域稳定的情况下，可以试试自己能够将腿抬高或伸远到什么程度。

（2）内侧上高脚

与基础上高脚相比，将脚踩到两手内侧支点的内侧上高脚，对身体柔韧性要求更高，重心更不容易稳定。

图2.14 上高脚

图2.15 内侧上高脚

内侧上高脚一般是站起来之后再出手抓手点，如果很难保持平衡或者倾斜度很高，也可以在站起来重心移动的同时出手抓住目标手点。

训练贴士：

脚越向内侧越难抬高，需要多尝试慢慢提高或渐渐向内侧移动脚点的位置。

（3）手脚同点上高脚

手脚同点上高脚是指作用力脚踩到同侧手点的上高脚动作，如图2.16所示。

图2.16　手脚同点上高脚

通常手脚同点上高脚，作用力脚放在手臂外侧。少数情况下，上高脚时把脚放在手臂内侧移动。

手脚同点内侧上高脚动作更要求身体的柔韧性、脊背与臀部的力量。

为了能抬起腿，在身体与岩壁之间需留出空隙，伸直脚踝去踩支点。作用力脚在胳膊肘内侧会导致身体向后倾斜，脊背与臀部需发力来维持身体平衡。

训练贴士：

在手脚同点的情况下用同一个支点分别尝试外侧上高脚和内侧上高脚，会发现内侧上高脚需要更高的柔韧性。如果倾斜度很高，就有可能造成腰部等部位受伤，因此须慎重。

2. 同侧上高脚

同侧上高脚是指作用力脚去踩与支撑手同侧脚点的动作，如图2.17所示。做这个动作身体会“开门”——失去对角线稳定，因此需要注意身体的方向、重心移动的时机以及动作间的协调发力。

图2.17　同侧上高脚

动作步骤：

① 在保持核心区域稳定的情况下将身体稍微向左转动。

② 抬脚时身体仍保持左倾状态。

③ 顺着右脚发力方向，左腿的膝盖稍微上推。调整背部，保持身体不向右倾斜。

④ 臀部和背部同时发力保持身体稳定，同时左腿发力将身体推上去。

⑤ 利用左脚的反作用力上推身体，重心稍向左移动去抓目标手点。

训练贴士：

手点脚点在同侧的支点更容易练习，起始位置支撑手支点的高度与难易程度直接相关。

3. 从上高脚到交叉手

在手的目标支点与上高脚的脚点在身体两侧的情况下，需用上高脚之后再交叉的连续动作，如图2.18所示。

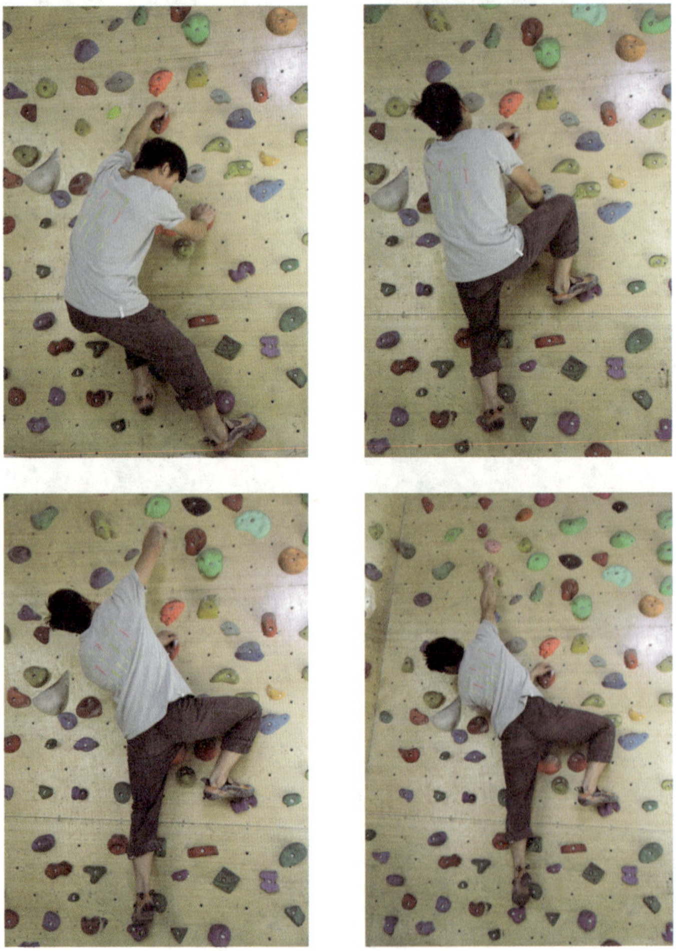

图2.18　从上高脚到交叉手

动作步骤：

① 抬高脚到脚点位置。

② 为了充分使用踩出去的左脚的力量，要有意识调整膝盖的方向。

③ 抓握支点的左手要保持到最后一刻，为了不让左脚的力外泄，将膝盖放在最好的位置来保持身体平衡。

④ 保持姿势伸出左手，为了保持身体不要旋转，右背和左臂的对角线要发挥作用。

⑤ 左脚保持踩点，左侧腰胯往岩壁上贴，保持躯干不要转动。

第三节 折膝

折膝是指在身体正对岩壁的状态下，由腰部带动一条腿的膝盖朝下旋转，使身体向上贴近岩壁，去抓目标支点的动作，如图2.19所示。

图2.19 折膝

这个动作如果腰旋转不到位，膝盖有受重创风险。所以在做这个动作前要确保膝盖充分热身，避免因为做折膝的动作导致受伤。

应用场景：

① 当有一个脚点朝下或朝向侧面无法攀登的时候。

② 当身体快要从岩壁脱落的时候，膝盖向内侧旋转可稳定身体。

动作解析：

① 四点稳定，一条腿折膝内旋下蹲，折膝侧的脚向后蹬。

② 以身体为轴，腰部朝抓取手方向旋转，双手拉支点，夹紧腋下，身体贴在胳膊旁边。

③ 发力抓握目标支点的瞬间肩膀上抬，作用力手向上伸展。

④ 非折膝侧没有脚点时，可以踩住岩壁利用摩擦力稳定身体。

图2.20　错误的折膝动作

注意事项：

① 膝盖旋转时腰也要跟着一起转，只转动腿部很容易受伤。

② 深度折膝受伤的风险会增加，应尽量避免使用这种动作。

③ 折膝状态做动态发力等大动作风险会更高，膝盖扭转的状态下肌肉用力非常危险。

如图2.20所示，这种姿势下做动态发力等动作会非常危险！

第四节　挂脚

挂脚是指使用脚跟踩点攀爬的移动动作。挂脚的发力是由上向下压，能承载一定的重量，是攀岩中效率很高的脚法，如图2.21所示。

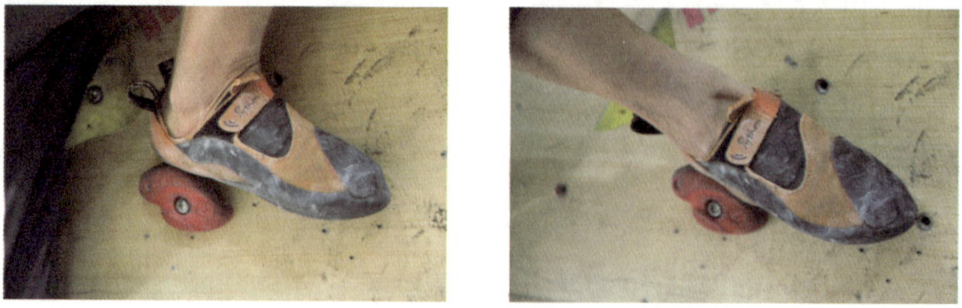

（a）中心侧　　（b）外侧

图2.21　挂脚的两个位置：中心侧、外侧

挂脚分为挂脚发力与保持平衡的挂脚。

应用场景：

① 当用脚尖去攀登、身体重心不稳时，如脚点距离身体又高又近、脚踩手点等情况。

② 当脚点不好踩时，挂脚比踩点更牢固。

根据行进方向调整挂脚的位置：

① 上半身往上时，用脚跟的中心去挂脚点，虽然这个动作难度大，但更有利于做下一步动作。

② 下半身往上时，用脚跟的外侧去挂脚点，这样动作不会被膝盖挡住。

动作要点：

挂脚一侧的臀部用力是身体保持稳定的重要因素。如果臀部不发挥作用，腿肚子和膝盖就容易受伤。

错误示例：

① 腰部突出。因为膝盖在挂脚的外侧，若腰部突出容易使挂脚脱落，如图2.22（a）所示。

② 脚尖朝上，身体倾斜不充分。脚尖太靠上，攀爬使不上劲，如图2.22（b）所示。

（a）腰部突出

（b）脚尖朝上

图2.22 错误示例

攀岩教练：梁亮坚
摄影师：兽兽

1. 基础挂脚

基础挂脚是过渡挂脚中最基础的动作，使用频率较高，如图2.23所示。

图2.23　基础挂脚

动作要点：

① 保持重心稳定，身体平衡。

② 迅速上脚，臀部和背部发挥作用。膝盖从外侧抬起，腰部发力将身体往上抬，膝盖伸直靠近岩壁。

③ 脚尖向下，腰贴近岩壁，挂脚一侧的臀部用力，重心转移到挂脚点再出手抓手点。

2. 平衡挂脚

平衡挂脚是为了稳定重心而采用的挂脚，是以保持身体姿势为目的的基础技能，如图2.4所示。在做挂脚动作之前，确保膝盖充分热身，如果动作不标准，挂脚动作会对膝盖的半月板造成损伤，如图2.24所示。

平衡挂脚脚部细节

图2.24 平衡挂脚

动作要点：

① 根据脚点的形状、朝向变换脚的位置和角度，臀部和背部也要配合调整。

② 膝盖稍微内旋，脚尖也可稍微偏向内侧。

3. 从挂脚到推

从挂脚到推是从挂脚到推起身体的连续动作，如图2.25所示。挂脚之后通过支撑手的推力去抓取更高位置的支点。从挂脚到推是攀石使用频率很高的动作。

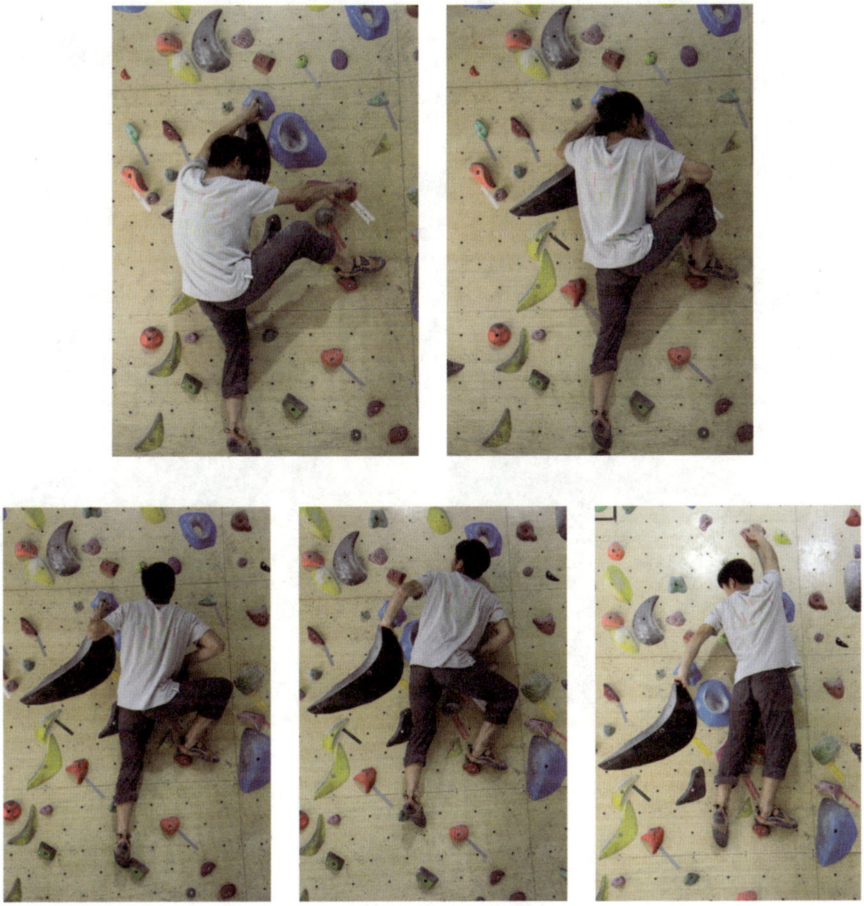

图2.25 从挂脚到推

动作要点：

① 保持重心稳定，身体平衡。

② 迅速上脚，臀部和背部发挥作用。膝盖从外侧抬起，腰部发力将身体往上抬，膝盖伸直靠近岩壁。

③ 左侧支撑手用力，将重心转移到右脚上，再伸右手去抓目标支点。

4. 手脚同点挂脚

把脚跟挂到正握着的手点上被为手脚同点挂脚，如图2.26所示。

图2.26 手脚同点挂脚

动作要点：

① 保持重心稳定，腿部抬高。

② 多数情况下，支点上能放脚的空间很小，所以要考虑好伸入角度，脚尖朝上把脚跟搭上去。

③ 挂好之后脚跟向岩壁内侧扭，脚尖降低，膝盖靠近岩壁。同时臀部和背部一起用力。

④ 右手要一直推支点，直到重心转移到左脚。

⑤ 为了让身体不从岩壁脱落，挂好脚的同时，背部和臀部的对角线运动也要发挥作用，身体稳定下来之后再伸出左手。

5. 两边挂脚

两边挂脚是用两只脚夹住两个脚点往上爬的移动，在野外岩场和岩馆都可以应用，如图2.27所示。

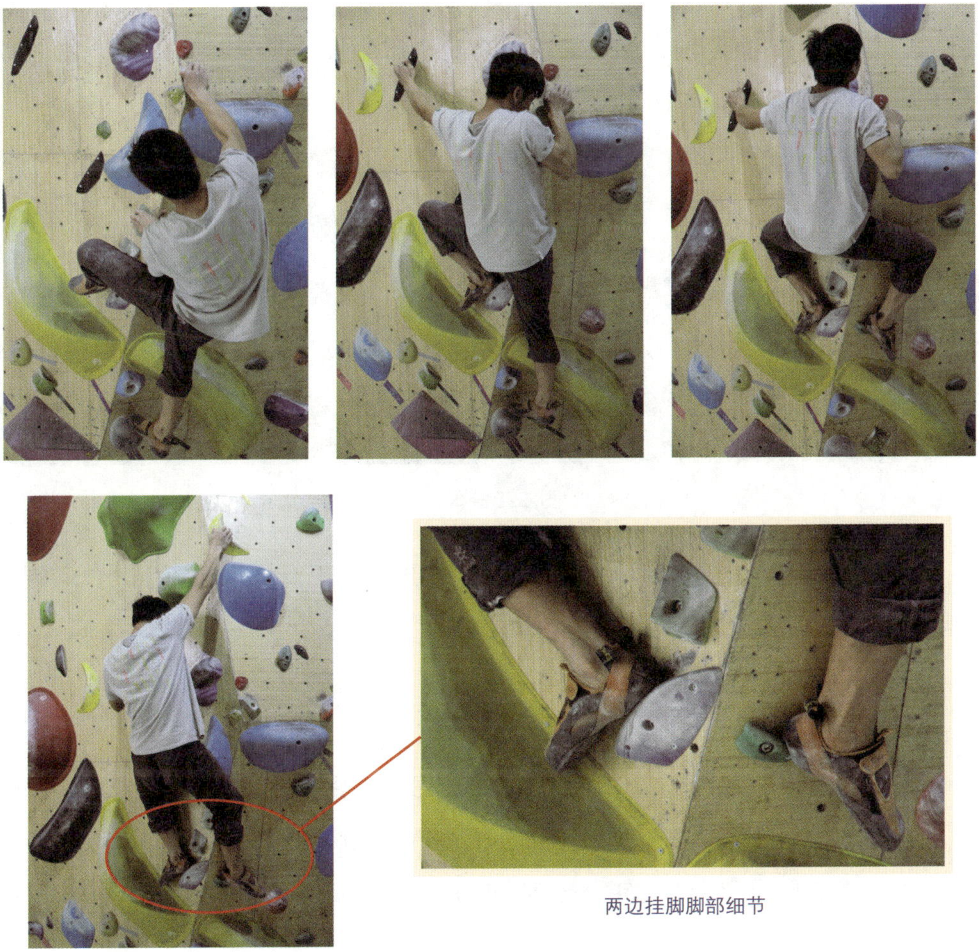

两边挂脚脚部细节

图2.27 两边挂脚

动作要点：

① 保持重心稳定，先用一只脚做最基础的挂脚。

② 用两只脚夹住两个脚点。

③ 右手抓稳支点，臀部和背部对角线用力。

④ 为了保持平衡抬起挂着的右脚。

⑤ 运用对角线平衡保持身体稳定。

第五节　勾脚

勾脚是指用脚背勾住支点的动作，如图2.28所示。如果膝盖或脚踝弯曲，或变换脚尖和脚的角度，勾住的脚就可能会脱落。

图2.28　勾脚

由于勾脚时重心已经很高，想要从这个高度再抬高身体很难。因此，勾脚的作用通常是为了使身体稳定，而非向上攀登。

挂脚要降低重心，勾脚要提高重心。

应用场景：

① 由于支点位置角度特殊，用脚尖或脚跟不好踩的时候。

② 没有支点的岩棱或者岩壁板边，不得不靠勾脚平衡身体的时候。

③ 支点高出头部许多，手够不到的时候。

1. 基础勾脚

基础勾脚是以维持姿势为目的而进行的。通过勾脚减轻身体的摇摆晃动，而非拉近距离，如图2.29所示。

图例（a）

图例（b）

图2.29　基础勾脚

动作要点：

① 脚尖与脚踝呈“L”形。

② 用鞋子中脚趾的形状去契合支点的形状，反弓脚勾住支点。勾住的位置通常是脚的拇趾和第二趾。小腿用力。

③ 膝盖稍内旋，脚尖也稍稍转向内侧，膝盖伸直不要弯。臀部和背部也要用力保持身体平衡。

2. 包夹式勾脚

包夹式勾脚是利用双脚夹住支点或朝反方向推点的脚法动作，多用于大仰角路线。

在一个较大的支点或两个相邻支点上，双脚一勾一踩，夹住同一个支点，踩点的膝盖弯曲发力，勾脚的腿要伸直。腰部绷紧用力。

动作要点：

包夹式勾脚有脚背与脚尖、脚背与脚跟和脚尖与脚尖三种方式，如图2.30所示。

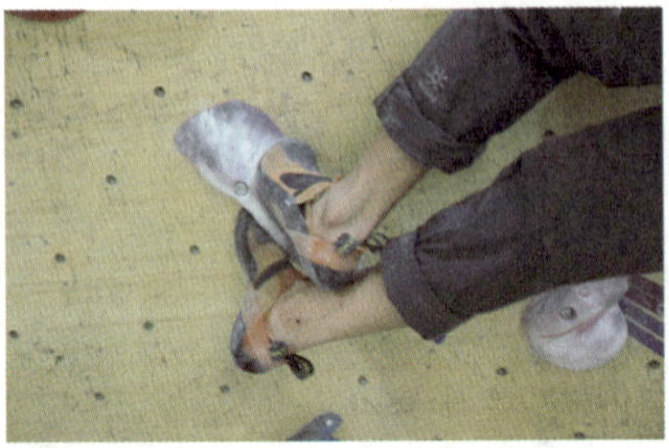

（a）脚背与脚尖

（b）脚背与脚跟

（c）脚尖与脚尖

图2.30　包夹式勾脚

3. 直升机式勾脚

在身体下方没有脚点的时候，可用一只脚勾住支点，一边反转身体一边用另一只脚去踩勾住的脚点，通过两只脚的勾和推将支点夹住，抬高身体，如图2.31所示。

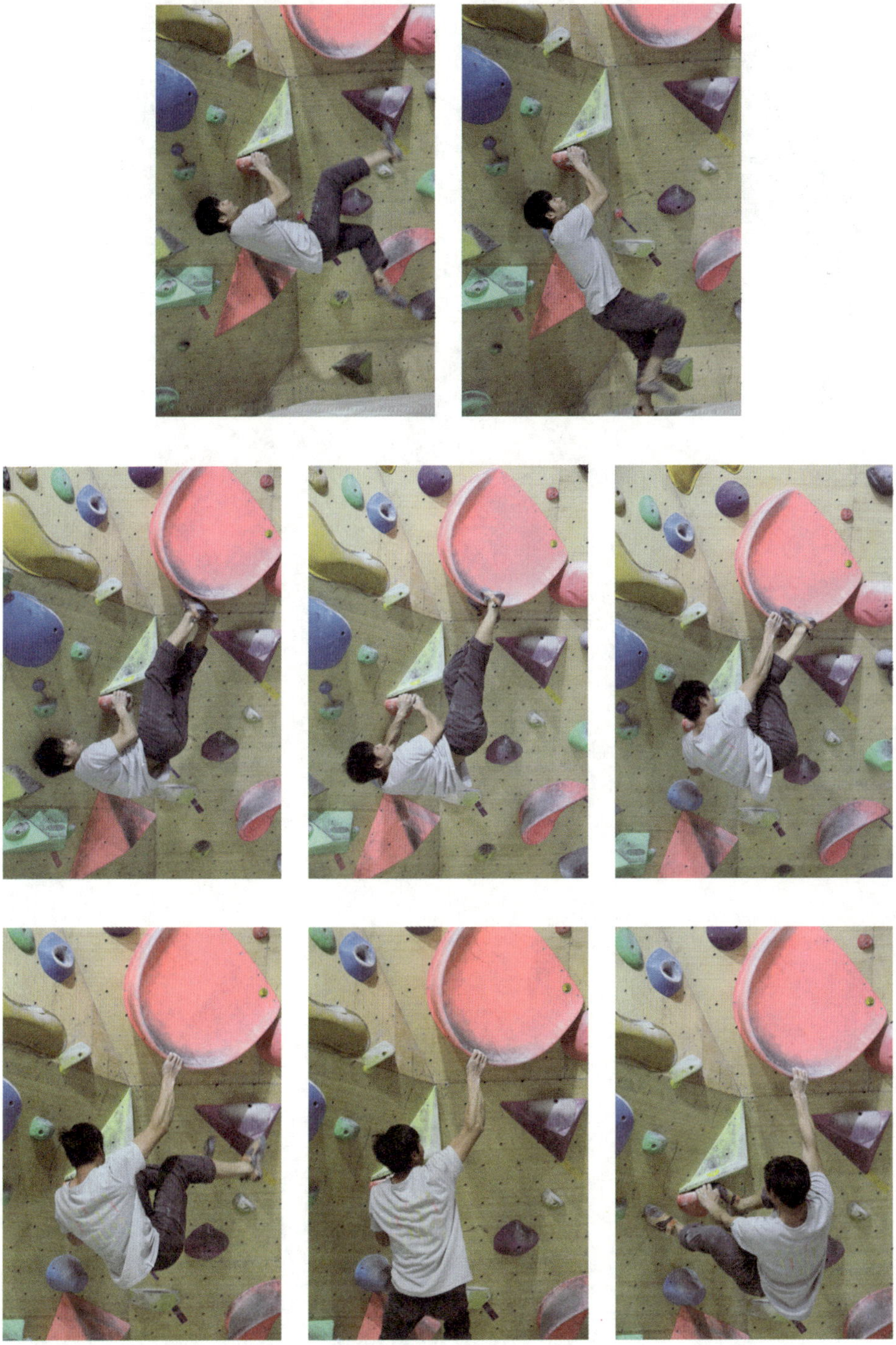

图2.31 直升机式勾脚

岩友：ICYHAN
摄影师：马安平

动作要点：

① 腹部用力，双腿抬起，一只脚迅速踩上目标支点，利用推力保持身体稳定。

② 调整脚型，通过左脚踩右脚勾的包夹式勾脚，将目标支点夹在两脚中间。

③ 身体稳定后，改变左手握法，左脚放开，右手去抓目标支点。

④ 右手抓稳后，放开勾脚。将左脚或右脚踩到原手点，顶起身体，直至左手也抓住目标支点。

训练贴士：

练习直升机动作，需要选容易抓握的较大的目标支点。目标支点需要设置得远一些，如果距离太近，可能用不到直升机动作就直接蹬上去了。

第六节 背腿

背腿指将一条腿伸到外侧或内侧以寻求平衡的动作。这个方法可以在右脚只能放在右手下面，或者左脚只能放在左手下面的时候使用。

同侧手脚接近垂直的情况下，身体很容易发生旋转。如果想保持平衡，通常人们会采用换脚的动作，使身体转换成对角支撑。背腿的优势在于简化换脚的过程，只要把另一只腿放到支撑腿的内侧或外侧，让双腿呈交叉状，以对角支撑的方式保持身体稳定。

应用场景：

① 只在作用力手同侧有脚点且不能换脚的时候。

② 想提高攀爬效率，减少换脚的步骤。

③ 深度背腿的状态下，可以把身体充分下沉来休息。

1. 外侧背腿

外侧背腿是指通过伸出与作用力手异侧的腿来保持平衡的动作，如图2.32所示。

图2.32　外侧背腿

外侧背腿适合在保持静止状态去抓目标支点，也适合休息时使用。

基本动作：

① 用支撑手同侧的脚去踩点，将左腿向右摆出，直到身体不会旋转的位置。

② 背腿使身体稳定，同时降低重心，在一个最稳定的位置去抓住目标支点。这时候需要背部和臀部的对角线发挥作用，核心区域收紧。

③ 抓住目标支点后，将重心转移到支撑脚。

训练贴士：

脚点处于支撑手外侧，交叉去抓目标支点比较容易练习。将目标支点的距离设置近一些，掌握基本的外侧背腿技能。

2. 内侧背腿

内侧背腿是指将一条腿放入岩壁和另一条腿之间保持平衡的动作。比外侧伸脚使用频率低，适用于不能用外侧伸脚的场合，如图2.33所示。

应用场景：

① 手和脚的距离很近，身体内侧只有放一只脚的空间，而且距离目标支点较远。

② 只有支撑手同侧有脚点，但是想将身体向上移动一大步。

图2.33 内侧背腿

动作要点：

① 用和支撑手同侧的脚去踩点。

② 身体和岩壁之间需要留出能放进左腿的空隙。

③ 将左腿放进身体内侧，脚压在岩壁上，防止身体旋转。支撑脚蹬脚点，同时腰部旋转，增加移动距离。

④ 利用下半身发力将身体抬起，放进内侧的脚尽量踩岩壁产生摩擦力。

⑤ 臀部和腹部用力，控制身体不摆动，防止“开门”动作发生。

训练贴士：

如果身体内侧没有放脚的空间就无法完成这个动作，设置的时候要考虑到这点。

第七节 对抗发力

对抗发力是指利用作用力与反作用力保持身体平衡或移动的动作。

对抗发力的用途与适用范围很广，从整个攀岩技巧到手脚摆放的细节都会用到。

1. 反肩

图2.34 反肩

反肩是通过两手去拉开口朝向相反的两个支点借助产生的反作用力去攀爬的动作，如图2.34所示。

肩背对抗用力，双手去抓支点，形成相反的作用力。

训练贴士：

为了两手能对着向两边拉，要设置两个相邻的支点。

2. 外撑

外撑是张开左右两条腿顶在两边岩壁，利用撑力向上爬的动作，如图2.35所示。

图2.35 外撑

外撑是把脚抵在墙上使身体稳定的脚法，适用于角落或宽阔的凹角，在野外岩场也会经常用到。

脚的位置有支点可以踩，没有支点也可以用鞋底产生的摩擦力来保持稳定。

步幅大的外撑对髋关节的柔软性要求较高。

动作要点：

① 脚点尽量一步到位。在仰角路线，脚放上去就很难再移动，所以快速判断脚点的有效位置很重要。

② 支撑脚推压支点，作用力脚一点一点往上挪。

③ 身体稳定之后作用力脚踩上支点。

动作技巧：

做外撑动作时，双脚尽量向后张开，身体贴近岩壁，上半身保持前倾，腰部不要后突。只要上半身能够向前倾倒，即便放开双手，也可以保持稳定。

训练贴士：

在角落两侧岩壁有支点的情况下很容易设置，也可以练习手脚都撑着岩壁移动的攀爬动作。

3. 侧身对抗

侧身对抗（Layback）是利用手的拉力和脚的推力（两个相反的力）去做攀登的动作，如图2.36所示。适合竖直排列的支点或竖长形的支点，在岩缝、造型中使用频率较高。

侧身对抗是在造型支点、裂缝等形状的岩石上可以使用的攀岩方法。

动作步骤：

① 身体侧面靠近岩壁。一手拇指向下，一手拇指向上，一脚脚尖内侧踩点，一脚脚尖外侧踩点。

② 用拇指夹住支点，防止身体旋转，加强平衡。

③ 因为身体惯性总会向左转，所以要有意识地将身体向右靠，腹部、背部、臀部也要控制身体不要旋转。

④ 左右手脚轮流或交替攀爬。脚往高处抬可能使姿势更稳定，却会加重手的负担，导致疲劳速度变快。

图2.36　侧身对抗

动作要点：

侧身对抗动作平衡性强，需要力量对抗，身体容易疲劳。在攀爬中，兼顾平衡与攀岩速度非常重要。

4. 锁膝

锁膝（Knee Bar）把脚和膝盖（腿）锁进一个大支点和它下边的脚点中，是保持身体稳定的方法，如图2.37所示。虽然在攀爬中使用的机会比较少，一旦能用这个方法就可以解放双手，使双手得到充分休息。

锁膝的腿部细节

图2.37　锁膝

动作要点：

① 通过脚踝的角度调节膝盖到脚尖的距离。

② 锁膝对核心区域的能量消耗很大，需合理利用。

5. 翻墙

翻墙（Mantling）顾名思义就像小时候翻墙时，手掌撑起身体然后站立起来的动作，如图2.38所示。

图2.38 翻墙

利用推压支点产生的力量移动，类似于用俯卧撑支起身体的动作。在平时的攀岩中不经常使用这个动作，它要求肱三头肌的力量和肩的柔软性。

动作要点：

① 如果没有脚点就通过踩岩壁摩擦获得力量。

② 弯曲手腕同时转移重心。两条胳膊完全伸直，重心彻底转移到支点上。

③ 注意在保持平衡的同时两脚依次登上支点。

训练贴士：

做翻墙动作通常都在比较高的地方，一旦失败容易造成大的事故和创伤。尽量在失手掉下也不会有危险的高度练习。

室内想设置倾斜度小的岩壁可以用图2.38所示的大支点，使用起来很简单。野外攀石的人要使用低的岩石进行练习。

6. 上撑

上撑是利用撑在上方较大支点或岩壁顶部的撑力使身体稳定的动作，如图2.39所示。该动作主要靠脚蹬支点的推力稳定身体。垂直上推调整为横向推墙移动也适用。

图2.39　上撑

上撑动作近年在攀石竞技中经常出现，为上撑动作设计的造型支点也越来越多。

动作要点：

① 手能发挥作用的位置在肩膀正上方，发力前要确定好手放置的目标位置。

② 双脚选择合适的位置打开，用力蹬的同时，单手用肩膀扛住支点或两手一起抬起顶住顶部，保持身体稳定。

攀岩教练：刘文强
摄影师：曹呜

7. Figure4（膝挂肘）

Figure4动作应用于手点很大而没有脚点的场合，是攀冰中比较常用的动作技术，如图2.40所示。

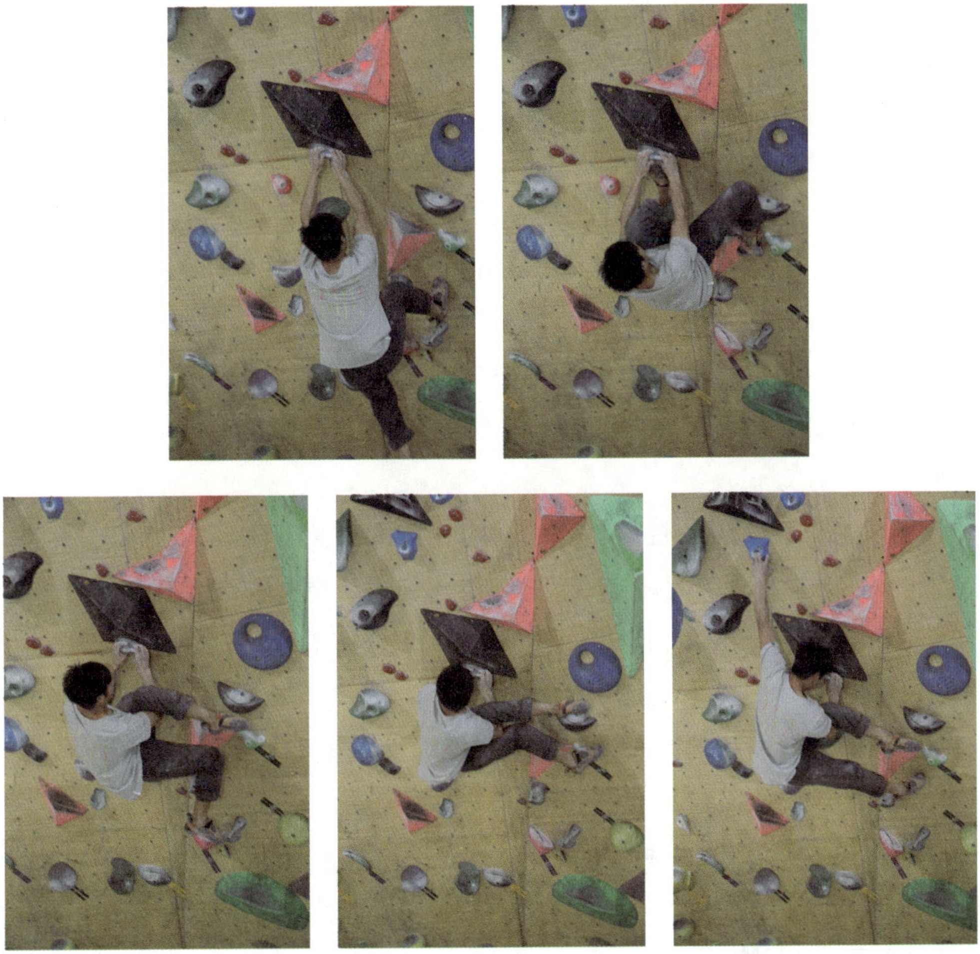

图2.40 Figure4

动作要点：

① 双手握紧较大的支点，然后将一条腿从两臂内侧搭到手臂上。

② 由搭着的脚掌控身体，如果搭着的脚向下旋转，身体就会向上旋转。

③ 搭着的脚可以与岩壁间形成摩擦，在增加身体稳定性的同时产生向下的蹬力。

④ 非搭腿的手臂为发力手臂，尽力伸直去抓目标支点。动作要求背部绷紧拉直，如果背部弯曲，那么手臂伸出的距离就会有限。

训练贴士：

练习这个动作时选择一个可以两只手抱住的支点，不选用脚点。目标支点距离远一点。

第八节　动态发力

在岩壁上利用跳跃去抓目标支点的动作称为动态发力（DYNO）。通常是指攀岩者动态移动时，在跳到最高点（Deadpoint）的一刹那，利用身体一瞬间的无重力状态去抓目标点的动作。

动态发力技巧在于利用身体下沉，脚与手产生的反作用力。脚在动态发力中负责提供强劲的推力，手在动态发力中提供身体贴近岩壁的拉力并控制动态发力的方向。

动态发力对身体协调性要求很高，需要动作从开始到结束一气呵成，同时需要在动作开始前就想好动作结束后如何控制姿势并保持身体的稳定。

动态发力是常用的发力动作，是攀岩能力晋级必备的动作技术。

应用场景：

① 手点和脚点都不易抓踩，重心移动速度太慢可能会导致坠落。

② 目标支点距离较远，只用静态发力抓不到。

③ 无法以一个稳定姿势伸出手的时候。

④ 前一步动作走得不好，下一步直接使用DYNO比较轻松或效率更高，但也有失败掉下来的风险。

种类与解析：

动态发力根据是否脱脚分为“动态移动”和“腾跃发力”。动态移动是指手脚与岩壁的接触点始终保持在两点以上。腾跃发力的动作在一瞬间没有接触点或只有一个接触点。

1. 动态移动

动态移动手点不好抓、脚点不好踩，特别是双手的手点都比较小或不易支撑，难以松开单手去抓目标支点时使用，如图2.41所示。

图2.41 动态移动

在手和脚都不能离开支点的情况下，含胸将重心沉向与目标支点相反的方向，弹起身体，待身体靠近岩壁的瞬间出手去抓目标支点。

动作步骤：

① 在手点不好抓、脚点不好踩的情况下得不到大的反作用力，因此需要胸部远离岩壁，使下半身积蓄力量，视线不要离开目标支点。

② 身体沉至最低处，下半身发力抬起身体，出手抓目标支点。

③ 为了抓住目标支点的瞬间身体不晃动，背部和臀部要绷紧，稳定身体。

动作要点：

去抓比较远的支点时要利用作用力手的推力。

训练贴士：

为了达到训练目的要把起始位置的手点和脚点设置成不好抓的支点，然后去抓大一点的支点。

2. 平衡动态

平衡动态是指手点不好抓、脚点不好踩，需要迅速摆脱不稳定姿态，去抓位置较近且相对好抓的目标支点，以尽快恢复身体平衡的状态，如图2.42所示。

背面示范

侧面示范

图2.42 平衡动态

动作要点：

① 由于目标支点较近，下半身发力太大的话反倒不容易抓，需要控制发力力度，提高发力精准度。

② 抓住目标支点后，背部和臀部控制身体不要远离岩壁，手臂轻微锁定，

调节摇晃带来的反作用力。

训练贴士：

选取不好抓的支点作为起手支点。目标支点可设置上边、左边、右边三个不同方向，选择离作用力手点近且好抓的支点。

3. 动态腾跃

动态腾跃是指姿势比较平稳的时候双脚跳起来，出手去抓目标支点的动态发力，如图2.43所示。

图2.43 动态腾跃

两只手握着支点，然后跳起，用一只或两只手去抓目标支点。

动态腾跃是DYNO的基础动作，动作要点在于合理利用身体惯性。

动作步骤：

① 看准目标，下沉身体，调整重心。视线不要离开目标支点。为了跳得更高更远，身体沉向与目标支点相反的方向。手臂伸直与下沉的速度都很重要。为了得到更大的反作用力，可以通过将身体反复几次下沉摆动，不过尽量不要超过3次。过多的摆动不会增加反作用力反而会使身体疲惫，动作处理不果断。手脚荡出去之后再跳，效果比较好。

② 调整脚点，选择最容易稳定的发力位置。

③ 跳起时，通过脚部发力和下半身的联动将能量传递到核心区域，同时抬高身体伸出双手。

④ 身体尽可能地向上伸展，直至到达最高点再松开手。选择适宜的出手时机，过早出手会使身体离开岩壁的时间加长，损失大部分的冲力。手在支点上停留的时间越长，越能够提供充分的动力。下半身整体的协调动作与手离开支点的时机很重要。

⑤ 比目标支点跳得更高一点，在回落瞬间抓住支点。

抓支点的手腕尽量积蓄力量，伸得太直会很难压制后面的反作用力。抓住目标支点的瞬间再把身体往上提一点，如果可以，手肘弯曲一点成功率会大大增加。

⑥ 为了抑制身体摇摆，另一只手可以按住岩壁，同时核心区域发挥作用控制身体。

训练贴士：

① 通过改变左右脚点位置高低，或错落或一致等来设置多样性的练习方法。

② 双手动态腾跃训练的目标支点通常选择在身体两侧的两个支点，通过改变支点高低和朝向使练习富于变化。设置身体两侧目标支点，抓取目标支点后注意控制身体的摇摆，可用非作用力手按住岩壁来停止摆动。

攀岩教练：唐再兴
摄影师：兽兽

4. 短程腾跃

针对目标支点较小或方向不佳，用不脱脚的动态发力够不到，用基础动态发力抓住又可能因反作用力太大而不稳定的情况，可以选择发力适中的短程腾跃。

短程腾跃是动态发力中的另类。一般动态发力会先蓄力再发力，尽量加强反作用力，以跳得更高更远。短程腾跃不需要通过降低重心来蓄力，发力时也需控制力度与高度，以便在抓住支点后更好地稳定身体，如图2.44所示。

图2.44　短程腾跃

动作步骤：

① 观察目标支点的形状。

② 抬高重心，手臂锁定，将手伸到身体最高处。

③ 不要过度蓄力，身体稍微外倾，沿着岩壁向目标支点发力，避免发生摆荡。

5. 双手并抓

双手并抓是目标支点比较好抓、但距离稍远时使用的抓点方式，如图2.45所示。身体下沉到胳膊伸直，获得反作用力，下半身联动，在重心移动之后，双手去抓目标支点。这个动作需要充分利用身体向上的反作用力。

图2.45　双手并抓

动作步骤：

① 身体下沉到胳膊伸直，获得反作用力。

② 脚尖发力踩支点将身体推出去。

③ 视线不能离开目标支点，抓点位置要准确。可以跳得稍微高一些，下降的瞬间抓点。

训练贴士：

初期训练不管是支撑手点还是目标手点都建议选择比较大的支点。目标支点也可以选择pinch形的两个支点或差异大的两个支点组成多种支点组合来进行练习。

6. 双手跳抓

双手跳抓是指双手依次去抓两个不同的目标支点，如图2.46所示。在抓取第一目标支点不能保持身体稳定的情况下，瞬间靠另一只手抓住第二目标支点减小晃动，保持平衡。

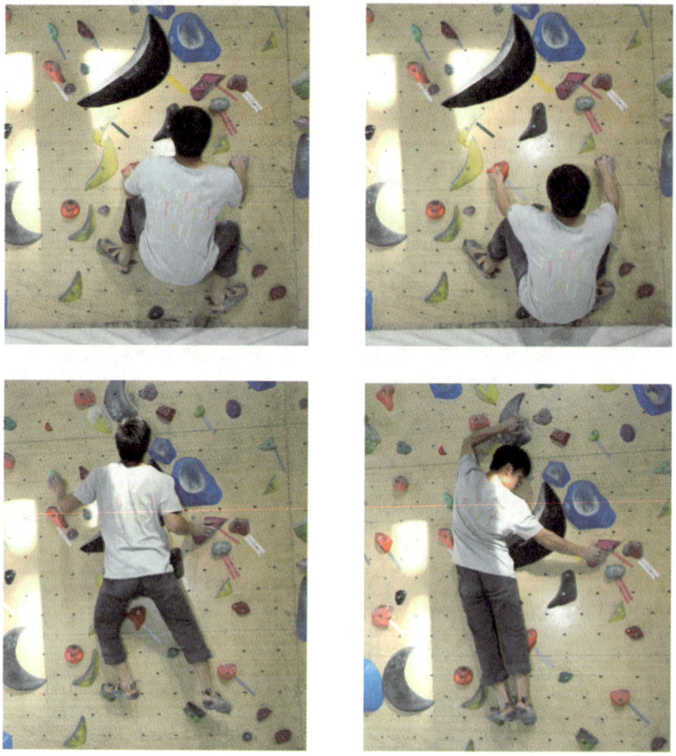

图2.46 双手跳抓

动作步骤：

① 身体沉向与所跳方向相反，注意力集中到下半身。根据到第一目标支点的距离决定身体下沉的深度和跳起的冲势。

② 左手接触到支点的瞬间，手臂轻微锁定来稳住身体。同时视线余光落到右边支点，快速移动右手。这个动作要点在于把控好动作发力的时机和速度。

③ 两只手抓住支点的瞬间身体容易摇晃。预测摇晃程度，核心部位发挥作

用，尽量控制身体。必要时可能需要换脚。

训练贴士：

① 练习时尽量选择两只手才能保持的支点，不要选择一只手就能轻松保持的支点。

② 目标支点根据第二个支点的位置难易度会明显改变，横向跳出的情况居多。

双手跳抓动作在近年的攀石竞技中越来越频繁地出现。

7. 指力跳抓

指力跳抓适用于双手很稳，但没有脚点，目标支点距离较远的情况，如图2.47所示。

图2.47 指力跳抓

训练贴士：

静态的拉引体很少能将身体抬那么高，如果想要利用反作用力需要在岩壁上多加练习。

8. 单脚腾跃

单脚腾跃是指双手伸出的同时，某只脚踩上脚点，顺势跳起来的动态发力动作，如图2.48所示。

图2.48　单脚腾跃

动作步骤：

① 保持核心区域稳定，注意力集中在下半身。

② 用脚心三角形区域踩点，踩在脚点边缘位置。

③ 左手一直按压到最后再松手，通过下半身联动将能量传递到臀部。

④ 抓住的瞬间身体会大幅度摇摆，臀部和背部对角线发挥作用控制住身体。

9. 地面腾跃

地面腾跃是指从地面助跑，踩上一个支点，通过踩支点的冲力伸出两只手去抓更高位置的目标支点，如图2.49所示。

图2.49 地面腾跃

地面腾跃是近年比较流行的攀石动作。

在跑之前需要考虑以下5点。

① 要踩目标脚点的什么位置？

② 用左脚踩还是用右脚踩？

③ 要踩目标脚点的角度如何？

④ 从目标脚点起跳到目标支点的距离多远？

⑤ 考虑跑的路线、速度与步幅大小。

动作要点：

① 视线不要离开要踩的地方。

② 踩上脚点的瞬间视线转移到目标支点，大腿后侧用力。

③ 脚踩到支点蹬出去。

④ 保持核心区域稳定。

10. 横向腾跃

横向腾跃是指踩脚点横向跳跃的动态发力，如图2.50所示。

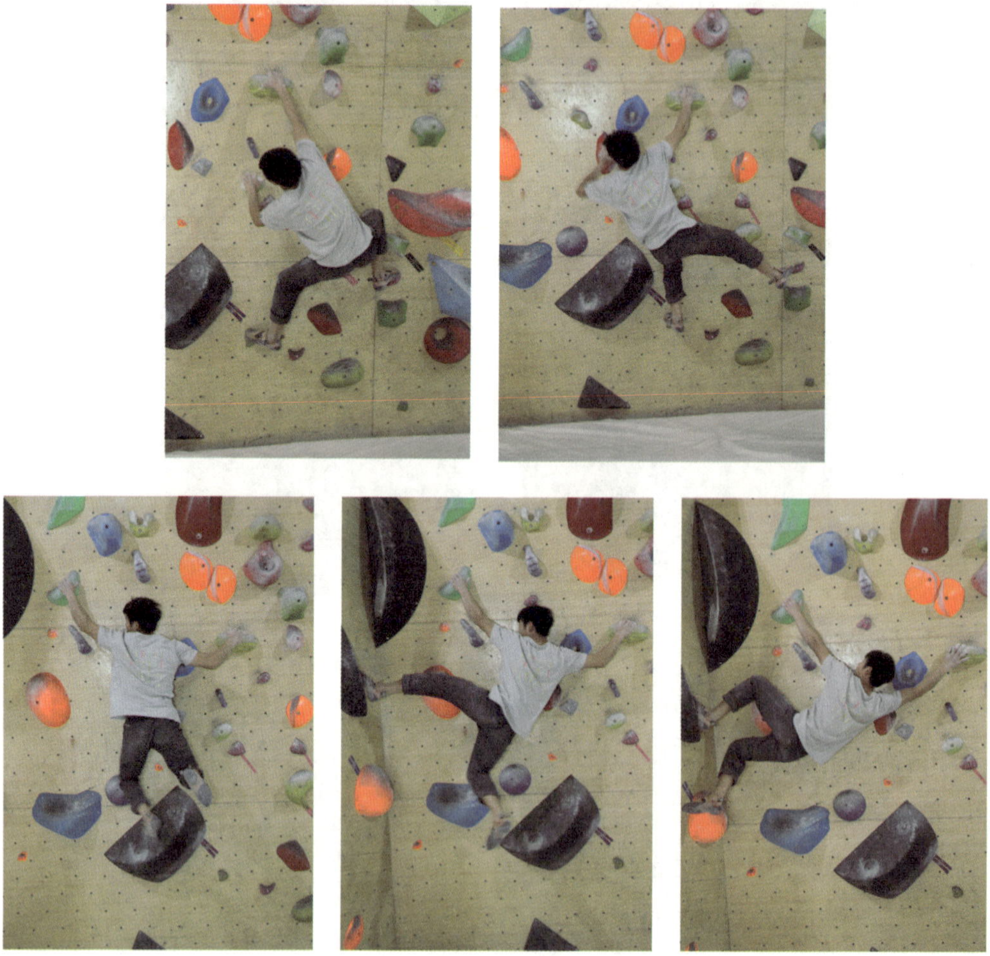

图2.50 横向腾跃

动作步骤：

① 保持核心区域笔直，注意力集中到下半身。

② 用脚尖踩住支点，向上腾跃发力，控制核心区域发力。

③ 手抓住支点的瞬间下半身动起来，脚快速移动到目标脚点。

④ 身体通常会大幅度摇摆，控制核心区域减缓晃动。

11. 三脚猫

三脚猫（Cypher）动作通过腿的钟摆运动产生推力前进。适用于支撑手与支撑脚在同侧，且目标支点较远的情况。

常规动态发力是双脚发力产生反作用力把身体向目标支点推。三脚猫动作则是利用摆动外侧悬着的脚产生加速度进而动态发力。虽然支撑腿发力也会产生向上的反作用力，但这个动作的重点更在于悬着腿以反方向的支撑手点为圆心，顺势摆荡，当加速度达到最大时瞬间出手。

三脚猫动作需要身体极佳的协调性，从腿的摆荡、上半身跟进、到出手抓住目标支点，需要一气呵成完成该动作，如图2.51所示。

图2.51 三脚猫

图2.51　三脚猫（续）

动作步骤：

① 双手支撑，外侧背腿，为向上跳跃做好准备。

② 右脚往右侧张开，增加让身体向上的推力，双手更近一步拉住支点。

③ 左手为右腿摆荡的圆心，右手顺着摆荡的趋势瞬间伸手。

训练贴士：

目标支点处于横向的时候容易练习。

12. 单边腾跃

单边腾跃是指只有同侧的支撑手点与脚点，靠半边身体动态发力去抓目标支点。单边腾跃通常用在目标支点距离较远，支撑手点只能单手握住或双手抓点不容易平衡的情况，如图2.52所示。

动作步骤：

① 单手抓握支点，身体垂在支撑手下方。身体虽然距离目标支点变远，但平衡的状态更利于脚部反作用力的发挥，从而跳出更远的距离。

② 非支撑手臂下垂，以画弧的方式向上摆动，增加向上的动能。

③ 支撑脚配合发力将半边身体推出去。

④ 抓取手抓住目标支点后要控制身体减小摆动。支撑手要尽量留在点，越晚脱手身体越稳定。若跳得太远使支撑手脱离，可以跟在抓取手之后抓住目标支点，或用手扶一下岩壁。

图2.52 单边腾跃

13. 摆脚腾跃

摆脚腾跃是指利用摆脚产生的惯性，先伸出一只脚踩上脚点，再单脚跳起，去抓目标支点，如图2.53所示。

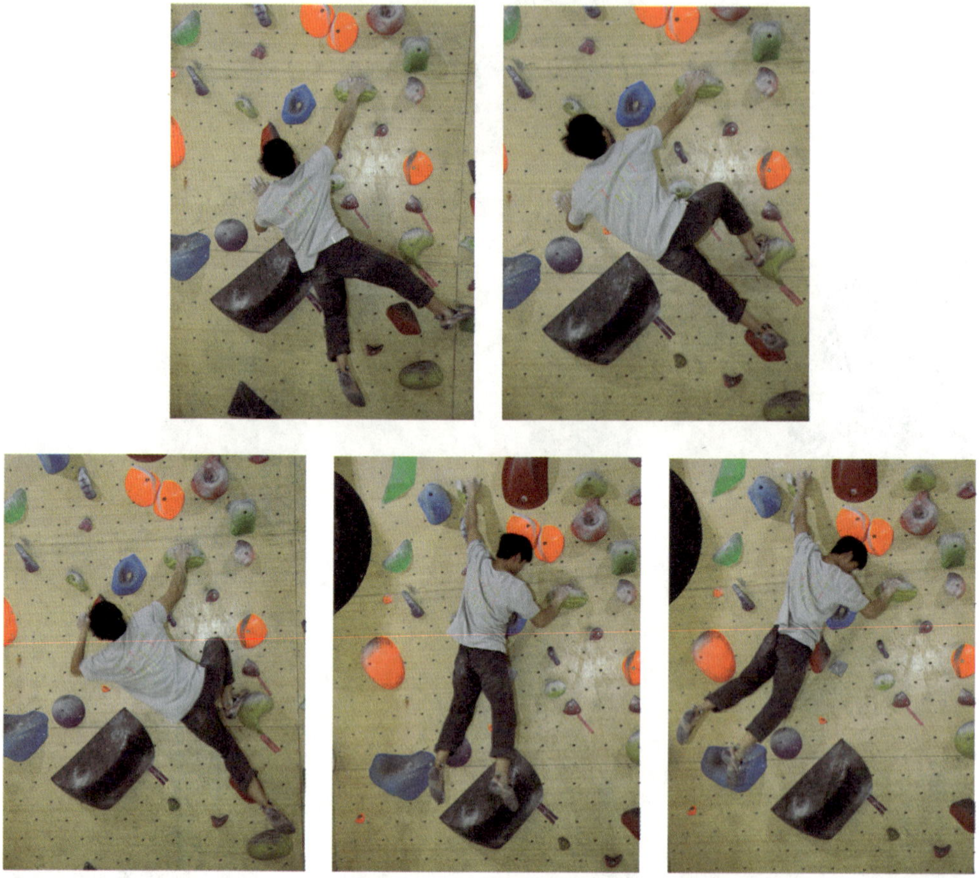

图2.53 摆脚腾跃

动作步骤：

① 保持核心区域笔直，左脚尽量往后摆动。

② 利用摆脚产生的惯性，右脚先踩上脚点。踩过去的时候瞄准位置要比目标脚点稍微靠上。

③ 踩住右脚点后连续发力，出手抓目标手点。

④ 为止住身体的摇晃，应该控制核心区域发力，调节身体稳定。

第九节 综合派系

综合派系主要介绍攀岩动作综合使用的几种特殊或特定模式。

综合派系多用于攀石竞技，近年在难度竞技中也开始被采用。野外攀岩很少用到综合派系的动作。

1. 着陆

着陆是指从一个巨大的支点或造型支点跳到另一个大支点的移动，是综合派系的基础动作，如图2.54所示。

图2.54 着陆

2. 跑

跑是指在两个以上的支点上跑，如图2.55所示。

图2.55　跑

跑是位于横向腾跃等以脚为起点的动态发力的延长线上的动作，这也是综合派系的基础动作。

3. 站&推

从一个比较稳定的姿势跳起，一只手抓住目标支点，然后再推下方支点，保持抬高的身体稳定。

图2.56所示为左手抓右手推两个动作连续的移动。

图2.56 站&推

动作步骤：

① 开始时身体在岩壁上保持稳定状态。发力时身体站起来，而不是跳起来。

② 右手作为支撑手别太用力，左手划出去一个大圆弧抓目标支点。

③ 左手抓住目标支点后不要太用力，若身体前倾不容易接下一个动作。

④ 右手推压下方的支点止住前冲的势头，左臂最好在右手推的时候微锁控制。

⑤ 如果身体和岩壁保持平行，就能保持平衡，膝盖不要弯曲。

4. 三连抓

三连抓（Triple Clutch）是指攀爬者蹬脚点得到力量之后冲出连续抓三个支点，如图2.57所示。

三连抓是综合派系的代表动作之一。

图2.57　三连抓

动作步骤：

① 双手尽力抓住支点，左脚把身体蹬出去保持动态发力。

② 右手抓住第一目标支点后发力，将重心维持在第一目标支点与第二目标支点之间。

③ 借助向上的动能，抓住第二目标支点。抓住第二目标支点后将身体发力方向调整向第三目标支点。

④ 抓住第三目标支点后身体会大幅度摇晃，注意轻微锁臂，背部与核心区域发力停止晃动。

LA SPORTIVA供图

第三章 如何精进攀岩技术

前面两章详尽地介绍了攀岩姿势与动作技巧，本章主要介绍这些动作在攀爬路线中如何灵活有效地运用，进而精进自己的攀岩技术，提高自己的攀岩水平。

攀岩运动从不同的角度可进行不同的分类。按运动场所分为人工岩壁攀登和自然岩壁攀登；按组织形式分为自由攀登与竞技攀登；按比赛项目分为难度赛、速度赛、攀石赛；按保护方式分为先锋攀登、顶绳攀登、徒手攀登等。

但无论哪种攀爬场景、攀爬形式，攀岩动作与技巧的运用都是相通的，保证攀岩动作充分有效地完成都是有效攀爬的关键。

如何保证攀岩动作充分有效地完成，在日常攀爬中如何不断精进自己的攀岩技术，便是本章内容介绍的重点。

第一节　建立自己的攀岩动作库

学习新动作，建立属于自己的攀岩动作库，有助于系统认识与有效提高自身的攀爬能力。

通过上一章的内容，大家认识了许多不同风格、不同特点的攀岩动作。但认识不等于掌握，掌握不等于会用。初学者较少用到“腾跃抓点”，一般攀岩爱好者较少接触到“综合派系”的攀岩动作。建立自己的攀岩动作库的过程也是攀岩水平逐步提高的一个过程。

1. 如何建立属于自己的攀岩动作库

建立攀岩动作库的方式可分为借助专业攀岩教练进行技术指导与自主学习两种。国内攀岩行业发展初期，攀岩爱好者接触攀岩多是由老岩友“传帮带”，随着攀岩运动的发展通过攀岩机构或向攀岩教练系统学习的爱好者越来越多。

无论哪种方式，想要为自己的动作库增砖添瓦，都需要进行大量的攀爬训练。

图3.1 室内攀岩

（1）借助攀岩教练的专业指导，是攀岩入门最便捷有效的方式

合格的技术指导，一方面可以帮助攀岩者系统学习攀岩动作技巧，加快攀岩动作的学习速度，另一方面可以避免攀岩者长期反复试错带来的负面影响。

攀岩者入门课程，主要以攀岩动作教学以及围绕动作教学的路线攀爬训练为主。攀岩教练会带领学员反复、目的明确地练习一个动作。在学员成功掌握该动作后，教练会将其加入攀石或难度路线中，结合学员已经掌握的动作库，进行多样化的训练。新动作的学习应循序渐进，逐渐增加难度，多样化的练习会为攀岩者的综合能力提升提供快速、积极的影响。

攀岩者进入中级水平，在技术指导的帮助下，需要加强自身对路线思考能力的培养，加大复杂动作的学习，最大化地激发自主攀爬的潜能。

攀岩教练的高级课程则主要针对水平突出的学员进行有的放矢的指导，旨在提高学员攀岩动作的完成度，协助构建学员强大的攀岩心理，特别强调学员的自主思考。强调学员发现自己训练的重点在哪里、如何组织与策划自己的训练、如何保持训练合理并得到执行。在攀爬路线时，无论路线完成还是未完成学员都需要复盘并进行思考。

攀岩教练指导动作如图3.2所示。

图3.2　攀岩教练指导动作

（2）自主进行攀岩训练需要坚定的毅力

取得一定成绩的攀岩爱好者可能没有接受过专业的攀岩指导，但通常进行过相对专业的自主训练。自主训练最大的问题并不在于训练方式，而在于攀岩者对攀岩在时间、精力上的投入，是否能够长期坚持训练。

攀岩运动需要持续训练才能保持能力，进而提高攀爬能力。如果不保持持续的训练，别说初学者无法进步，就连取得一定成绩的攀岩者攀爬水平都会有明显下降。

初学者希望稳定提高攀岩水平，通常需要保证每周两次以上的攀爬频率。初学阶段，攀岩者可以多攀爬不同风格的路线，尽量攀爬自己能力边缘的路线，在攀爬中不断丰富自身动作库。这个阶段训练的目的是为长期攀爬打下扎实的动作基础，不必刻意追求难度。

在熟练掌握了一定的攀岩动作之后，攀岩者训练的重心将从动作的收集向对动作的大量运用转化。对攀岩动作的运用同时伴随着对新的攀岩动作的积累。

这个阶段，攀岩者可以在反复巩固自己动作技术的同时，加重体能、指力等专项训练。攀岩训练的中后期，追求某条目标路线或者继续大量攀爬不同风格的路线对攀岩者都会有所收获。

为单一目标路线反复训练。虽然使用固定的动作库，但反复训练能够提高体能，且会带来完成路线的心理满足，加强对自身攀爬能力的认可与自信，还可以起到一强百强的效果。攀爬大量不同风格的路线虽不能快速表现出突出的成绩，但多样化的练习可以使攀岩者在多种条件下磨炼攀岩技术，在综合的训练中将激发攀岩者更大的攀岩潜能。

自主进行攀岩训练时需要注意两点：首先是避免运动损伤，其次是警惕形成错误的攀爬习惯。由于没有接受系统正确的入门引导，或没有养成良好的运动习惯，很多攀岩者在或长或短的时间内都遇到过运动损伤的问题。由于攀岩运动是需要调动全身关节的运动，因此运动损伤涉及从手指到肩背、膝盖等全身各个部位（如何避免运动损伤及有效热身与放松，会在第四章详细介绍）。

想要矫正错误的攀爬习惯并不容易，攀岩者需要有意识地培养自我察觉能力。审视自身攀岩动作，纠正错误的攀爬习惯，不断精进自己的攀岩技术是伴随攀岩者整个攀岩生涯的事情。

2. 学习新动作的几点原则

（1）选择安全的训练场地

攀岩馆是学习攀岩动作的理想训练场地。

攀石或顶绳攀登都是很好的训练方式。

由于新的动作技巧有可能要做出不平衡或超出极限的动作，因此只有在不害怕的情况下，攀岩者才能够做到充分发力。

（2）反复练习循序渐进

无论是学习新动作还是优化动作完成度、精进攀岩技巧，反复练习、循序渐进都是看似最笨实则最有效的训练方式。

反复练习新动作会产生积极的结果。攀岩者在熟练掌握固定路线下的新动作后，需要将新动作拓展到不同的路线，在不同的攀爬环境下进行多样化的练习。

譬如攀石环境下，在直壁完成侧身后，换不同的地点分别练习；也可以在小仰角、大仰角岩壁分别练习，感受不同角度下同样动作之间的差异。想象在野外真实岩壁使用会是怎样的感觉，在大岩壁路线攀爬体力不足的情况下是否还能熟练完成?

（3）在充分热身后学习新动作

热身后的30分钟是学习新动作极佳的时间段。充分热身可减少运动损伤，提高学习新技术动作的效率，攀岩者保证了充沛的体力与精神去学习新的技术动作，达到较好的学习效果，避免因疲劳影响攀岩动作的完成度。

（4）疲劳状态不利于学习新动作，中度疲劳则利于巩固已知动作

在疲劳的状态下，肌肉疲劳或乳酸堆积将降低身体的协调性，不利于新动作的学习与掌握。不过，肌肉疲劳只是力量训练的结束，攀岩者依旧可以进行已知动作的重复练习。力量的缺失可以使攀岩者更关注攀岩技巧的运用，在肌肉疲劳时训练更容易将攀岩者的注意力集中在攀岩动作的准确性与稳定性上。

在中度疲劳状态练习已知动作可以增强对动作的掌握。在更疲劳的状态训练熟悉的动作，同样如此。但切勿在疲惫或受伤状态下练习。

第二节　审视自己的攀岩动作

无论是借助攀岩指导进行训练还是自主训练，对自身攀岩动作的不断审视不断优化都是必要的。攀岩者从学习第一个攀岩动作开始，审视、纠正、优化自己的攀岩动作随之而来。如果没有敏锐的自我觉察、自我修正，提高攀岩技巧只是一句空话。审视自己攀岩动作的方式有以下几种，它们不是单一存在的，而是相辅相成的。

1. 依托攀岩教练的经验

依托攀岩教练的经验来纠正优化动作是最为快捷有效的审视方式。攀岩教练传授攀岩动作，很大程度上也是不断对学员攀岩动作的纠正与优化。在新动作的学习中，教练可能通过推一下腰（攀石）或收紧绳子（难度）等外力，使学员能够感受正确的动作发力。学员独自攀爬后，也需要主动向教练询问自己的攀爬表现，请教练对自己的攀爬动作进行分析指导。

不过，学员也需注意，过度依赖技术指导，会妨碍对攀岩动作的自我理解与思考。

图3.3　攀岩教练分析学员攀爬视频

2. 与同伴一起训练

结伴攀爬特别是结伴攀石是非常有效的攀岩训练方式。三五个水平相近的攀岩者一起攀石，一起制定或选择攀爬路线、研究攀岩动作，在实际攀爬中相互交流讨论，进而发现自身动作的缺点，学习他人动作的优点。

攀岩教练为学员录制视频，如图3.4所示。

图3.4　攀岩教练为学员录制视频

3. 视频录制与分析

视频录制是独自训练时自我纠正动作极佳的方法，也可作为教练授课与同伴一起训练时沟通交流的辅助方法。观看攀爬动作视频可帮助攀岩者从旁观者角度分析自身动作，进而更清晰地发现自身攀爬问题。

攀岩者可通过录制攀爬不同风格路线的视频，评估自己攀岩的强项与弱项。可以通过回放和慢放，分析每一个动作细节是否精准到位。如果不够精准，思考问题出在哪里，为什么会出现这样的问题，接下来应该如何调整。

想清楚这些问题，在条件允许的情况下，攀岩者可以回到路线，尝试新的攀爬动作与方式，确认自己虚拟攀爬的优化方式是否合理，如果不合理就需要继续调整。

任何一项运动回放录像都是认识自己与对手最直接有效的方式。每位优秀的运动员都不会忽视从运动录像中学习。攀岩更多是与自己人身的对抗，对比同一路线，自己所呈现出的不同状态，寻找自己表现中最细微的差异，提高自己的攀岩技巧。

攀岩教练：王庚林
摄影师：马安平

第三节 路线选择与观察

1. 选择路线

为练习选择路线，可以选择锻炼自己薄弱区域的路线，着力补齐短板，使自己的综合能力得到有效提升。

多在接近自己最高水平的路线上进行训练。巩固这个难度水平的攀爬能力，为继续提高难度打下坚实的基础。

通过完成自己擅长的路线，以获得优秀的成绩，提高自我攀爬的满足感。

不要选择超出自己能力范围太多的路线。

2. 观察路线

认真观察路线，制定适合自己的攀爬策略。

图3.5 攀岩者观察路线

不要遗漏隐蔽的支点，灵活调用自己的攀岩动作库，选用适合自己的动作顺序。

可以在大脑中对路线进行模拟攀爬。模拟攀爬有助于确认动作次序，提高实际攀爬的信心。

同样一条路线，每个人的能力不同，会有各种不同的攀爬方式。在练习中，可以尝试使用不同的动作进行攀爬。

（1）观察路线时要注意。

① 根据岩壁角度、路线走向、支点位置，确定身体重心移动。

② 根据手点排列，确定左右手抓握顺序。

③ 根据支点类型与开口方向，确定抓握的手法。

④ 根据脚点大小、位置，结合手点信息，确定身体动作。

⑤ 串联技术动作，在大脑中模拟整条路线的攀爬，手脚的抓踩，身体的移动。

⑥ 确定休息点与可能需要的休息频次。

⑦ 先锋大岩壁路线还应观察难点位置，确定挂快挂的位置。挂快挂的位置经常与难点位置相关，判断是在难点前还是在难点后挂快挂。

（2）观察路线常见情况如下。

① 当两个手点很近时，很可能是陷阱，可以根据下一个动作判断抓点先后顺序。

② 一个手点有两个有效位置时，要注意确定使用哪种手法。支点最佳有效位置与路线攀爬时使用的最佳有效位置未必一致。

③ 路线攀爬中脚点的有效位置未必是支点最佳有效位置，需根据路线走向，身体重心移动，选择与之相对应的脚法。

④ 不要忽略与岩壁背景相近或在岩壁侧边的隐性支点，靠近板边的路线不要忽略使用板边的可能性。

第四节　攀石路线攀爬技巧

攀石岩壁根据倾斜角度不同可分为直壁、坡面、仰角、屋檐四种。四种斜度的岩壁攀爬方法略有不同。特定坡度的岩壁，通常会惯用一种类型的手法或脚法。

1. 直壁路线攀爬

直壁攀爬是攀岩的基础，一般正身面向岩壁，也会用外侧踩点或折膝，但都不会让身体大幅度摆动，如图3.6所示。

图3.6 直壁路线攀爬演示

重心移动是直壁技术实施优劣的重要因素。

2. 坡面路线攀爬

坡面岩壁上的路线通常称为Slab路线。攀爬坡面线路时所使用的大部分攀爬动作都是朝着正面，脚点大多采用脚尖内侧踩。随着路线难度增大，脚点越来越少，也会加入摩擦或蹭的脚法，如图3.7所示。

手点难抓的情况下，脚往上抬的难度也会提高。此时移动的关键在于尽可能将身体重心转移到踩着支点的那只支撑脚，减轻作用力脚的负担。

越多体重落在脚点上，摩擦力就越大。不过通常技巧不是问题，攀爬者相信脚不会滑脱的自信与胆量更加重要。

坡面攀爬需要精准的脚法，细致的移动，适合在平静、专注的状态下攀爬。

图3.7 坡面路线攀爬演示

3. 仰角路线攀爬

仰角路线对身体力量有一定要求，不仅需要强大的指力、臂力，对负责核心区域稳定的腹肌与背肌也有较高要求。

攀爬仰角岩壁线路需要强大的支撑力与拉力，在发力时稳住姿势。攀岩者如果在攀爬中不能快速判断运动方向并熟练使用各种动作技巧，很容易力竭，如图3.8所示。

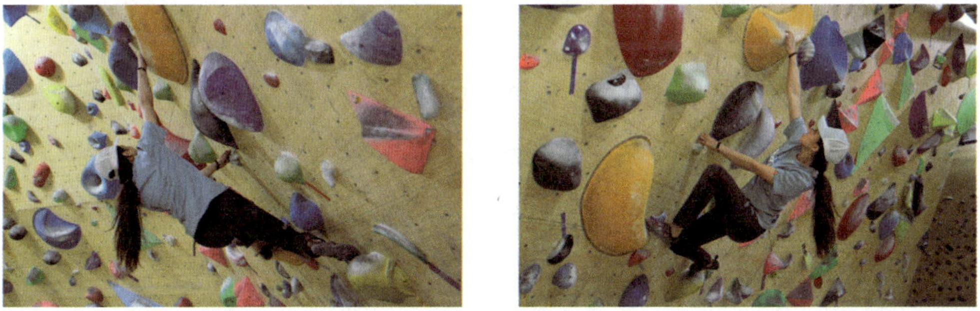

图3.8 仰角路线攀爬演示

仰角路线攀爬技巧：

① 明确脚点与脚法。手法与脚法的选择，大多取决于脚点的位置。在攀爬之前决定好最适当的手法脚法，尽量减少在岩壁上思考动作的时间。

② 核心区域收紧，不要塌腰。如果塌腰，体重无法落到脚上，会加重手的负担，而且容易引起身体旋转。

③ 使用侧身动作多于正身动作。仰角路线角度越大，手的承重越大，正身手法和脚法也会越难施展。在正身平衡支撑的情况下出手去抓目标支点，很容易造成身体的旋转。正确的侧身动作可以借助核心区域的力量缓解身体旋转给支撑手造成的压力，同时也能使身体不易脱离岩壁。

④ 快速攀爬。在仰角路线上，即使平衡的状态，手的压力也很大。根据事先规划好的手法脚法快速攀爬，减少仰角攀爬的时间。

4. 屋檐路线攀爬

在屋檐路线攀爬时若不能连续做出动作，手的负担就等同于体重。屋檐路线对力量的要求更高，对动作技巧与攀爬节奏要求更加极致。所有适用于仰角路线攀爬的要点同样适用于屋檐线路攀爬。

屋檐路线攀爬技巧：

① 挑选充分支撑重量的脚法非常重要。在屋檐路线一旦选错了手法脚法，或使用了不太平衡的技巧，很容易脱落。

② 为了避免脱落，要趁双手支撑时通过手法脚法来稳定平衡。支撑手若额外承受身体旋转的力量，就很难充分完成动作，抓取目标点就会变成是否脱落的赌博。

③ 手法方面，同点换手身体容易不稳，尽量在双脚稳定的姿势下进行换手。交叉手时脚一旦松开，身体就会旋转，很难再恢复原来的姿势，所以攀爬屋檐路线尽量避免做交叉手的动作。

④ 避免脱脚。当脚离开支点，身体开始晃动，再想把脚踩回支点，就会耗费很大的力气。

适合屋檐路线的脚法：

屋檐路线几乎没有上下坡度差异，因此可以采用脚比手先移动的技巧，如之前提到的直升机式勾脚动作。

攀岩比赛的场地往往设置大仰角路线或屋檐路线，为了打造出更困难的路线，支点数量往往削减到最少，只保留最低限度的支点。屋檐路线使用的支点通常比较厚，所以脚比手先移动，挂脚、勾脚等吊挂类脚法会用到。

第五节 大岩壁路线攀爬技巧

1. On-Sight（首攀）

On-Sight是指事先不知道某路线的攀爬信息，第一次爬该路线就无坠落成功地完攀。On-Sight一条路线只有一次机会，对动作技巧的扎实度与临场应变能力要求很高。

On-Sight没有给攀岩者机会去做详尽的准备工作，攀爬时主要凭借直觉、对动作的身体记忆及极大的勇气去攀登。

On-Sight一条路线不要有任何保留，相信你可以完攀它。哪怕需要退回到路线的休息点多次调整通过路线难点的策略，也不要轻言放弃。只要能保证冲坠是安全的，那么就倾尽全力去攀爬。

2. Flash（看攀）

Flash是指在收集过路线信息或看其他攀岩者攀爬过某条路线后，第一次攀爬就完攀了这条路线。

Flash对攀岩者的综合要求在On-Sight与Redpoint路线之间。

攀岩者想要Flash一条自己能力边缘的路线，在技术层面上，需要像Redpoint路线一样，提前做好收集信息、分析路线、在大脑中模拟攀爬等一系列准备工作。在心理层面上，一条路线只有一次Flash的机会，需要同On-Sight一样，在保证安全的情况下全力以赴，不要放弃。

3. Redpoint（红点）

Redpoint路线是指攀岩者可以尽可能多地收集路线信息，可以对路线进行反复观察和试攀，最终成功完攀。一条Redpoint路线的过程可分为收集信息、分解路线、串联路线、完成路线四个步骤。

（1）收集信息

通过自我分析、观摩其他攀岩者攀爬、请教其他攀岩者动作处理等，尽可能多地得到路线信息。

（2）分解路线

可以通过顶绳攀登或先锋攀登的方式把整条路线熟悉一遍，通过分解路线的方式针对自身难点一一攻克。

适合别人的方式未必适合自己，多尝试几种不同通过难点的方式，找到最适合自己的难点解决方案。尽量使最适合自己的与最便捷的解决方案保持一致。如果不能，坚持最适合自己的方案。

在练习中成功通过一次难点后不要急于继续攀爬，而应重复攀爬难点动作，以保持已经掌握的通过方法，并使身体对这个动作产生本能记忆。

路线难点如果难以攻克，可以分析是对攀岩动作本身的掌握程度，还是因为心理等其他因素。如果是动作尚未充分掌握，也可复制到人工岩壁设置虚拟难点反复练习。许多顶尖的攀岩者也是使用这种方法为他们的目标路线做准备的，特别是非攀登季。

（3）串联路线

所有的难点攻克后，要对难点进行串联。串联难点可以通过自下而上和自上而下两种方式。自下而上是比较常见的串联方式，也是攀岩者日常操作比较方便的串联方式。攀岩者在反复尝试中，逐渐增加难点，直至到顶。自下而上则使攀岩者对最后的部分非常熟悉，对最后阶段的心理疲劳有一定的缓解作用。

需要耐力的运动攀岩路线可以根据休息点分段，合理规划自己的体力。大部分路线，所谓的休息点只是给攀岩者一个快速调整的机会，很难为攀岩者补足力量，所以攀岩者还是需要在攀爬中不断优化动作，减少体力消耗。以最优的方案通过相对容易的路段，以最佳的状态去解决难点。

对于长而复杂的路线，可以制作一张动作数据图表虚拟攀爬。图表应该包括所有的手点、重要的脚点、难点、休息点、挂快挂的位置等。针对难点可标注具体的动作方法，以提高视觉意象的细致度与准确度。对路线充分地熟悉，攀爬前从身体与心理都对路线进行了足够的准备，可提高攀岩者实际攀爬的完成率。

（4）完成路线

Redpoint一条自己能力边缘的路线需要近乎完美的表现。当完成对路线的所有准备，攀岩者还需要身体、心理、状态都达到极佳的状态。当攀岩者踏上Redpoint的起步点时，需要充分相信自己可以完成，不要有丝毫的犹豫。

在安全的情况下，不要在意路线中间的小错误。在攀爬过程中，不要回头，一往直前。已经发生的错误或与预设不一样的地方不用计较，保持专注力放在眼前的攀爬上。

在保证动作质量的前提下尽可能快速攀爬。攀爬时的能量支出与时间成正比，攀岩者用来尝试一条路线的能力是有限的，在设定的攀爬节奏下，尽可能快速通过小点或难点。

4. 完成路线之后

完成一条目标路线固然重要，但攀爬训练绝不应该止步于某条路线。

目标路线一般是攀岩者有机会但需要付出一定努力才能够完成的路线，也是最适合自己进行攀爬训练提高攀岩水平的路线。为完成目标路线，攀岩者会投入较多的时间和精力进行针对训练和攀爬。然而，很多攀岩者在完成目标路线后，不再对该路线进行重复攀爬。事实上，攀岩者完攀某条路线虽然是能力的体现，但某种程度上不排除偶然的成分。

一次完攀是否每次都可以完攀？完攀时的攀爬是不是最优的攀爬方案？自己在攀爬中存在哪些问题？攀岩者在完成目标路线后更需要对整个攀爬过程乃至训练过程进行复盘。唯有不断挑战反复复盘，在循序渐进中追求更完美的攀岩技巧与攀爬解决方案，才有利于快速进步，进入攀爬水平持续提高的良性循环。

很多攀岩者由于过于紧张，很难回溯完攀路线的具体动作。多次对同样的路线进行攀爬，在循序渐进中修正攀爬动作，从技巧和心理上综合梳理最适合自己的接近完美的攀爬方案，是对未来攀岩最好的投资。

第六节　速度攀岩

速度攀岩是竞技攀岩的一个重要项目。奥运会、亚运会、国内外各级攀岩比赛均设有速度攀岩项目。

速度攀岩是在上方保护的情况下，两名运动员在指定路线或随机路线正面交锋，最短时间内完成规定高度的为胜利者。

图3.9　北京市青少年攀岩比赛，选手进行速度攀岩攀爬

目前速度攀岩赛道主要分三种，国际攀岩标准速度赛道、青少年标准速度赛道、随机赛道。

国际标准赛道是各类国际大赛使用最多的赛道，2020年日本东京奥运会也将采用国际标准赛道进行速度攀岩的比拼。国际攀岩标准速度赛道按照国际攀岩联合会（International Federation of Sport Climbing，IFSC）的规定，可以产生世界纪录。

青少年标准速度赛道是国内青少年攀岩比赛常用赛道，其支点间跨度较小，难度较低，更适合青少年攀爬竞技。

随机赛道使用频率比较低，每次随机赛道速度比赛路线都不相同，全运会与大学生比赛常设有随机速度项目。

速度攀岩如同垂直的百米冲刺，强调爆发力、弹跳力，整个攀爬过程充满韵律感和跃动感，是与攀石、难度攀岩区别明显的一个攀岩类型。

速度攀岩动作技巧：

① 手臂弯曲锁定尽量保持在胸前不超过头部。

② 大腿主动抬高，脚跟下沉脚尖正踩。

③ 手脚发力同步，抬脚的同时出手。

速度攀岩比赛技巧：

① 学会起跑。要蹬地有力、迅速积极出手，还要有非常好的反应速度。这需要一定的练习，如高抬腿、支撑后蹬跑、蛙跳。

② 控制好攀爬节奏，指定路线需要反复练习。

③ 冲刺拍表。最后冲刺时，要用尽全力。事先规划好拍表的位置，冲刺时最后一个大发力将身体弹出去拍表，拍表的速度与最终成绩直接相关。

攀岩教练、国家一级攀岩定线员：黄守川
摄影师：兽兽

第四章 攀岩体能训练

很多初学攀岩的人，想要尝试攀岩或初次攀岩后认为自己应该锻炼手指或上肢力量。其实不然，攀岩者通过一次次克服重力把自己提升到更高的位置，需要运用全身的力量。抓住支点、稳定重心，会训练攀岩者上肢力量，腿、脚的肌肉发力则推动攀岩者的身体到达新的高度。那么想更加迅速地提升自己的攀岩能力，除不断训练自己的攀爬技术外，还能需要做什么呢？

众所周知，随着运动科学研究水平的不断提高，结合专项特征的体能训练是提高攀爬成绩的重要保障。

作为岩壁上的芭蕾，攀岩运动是身体灵活性与稳定性完美结合的典范。攀岩者需要在岩壁上做出上高脚、勾脚、动态移动、腾跃发力等各种动作。这些能力需要攀岩者具备良好的肩关节灵活性，核心区域和骨盆的稳定性，髋关节、膝关节的灵活性。任何能力的不足不仅无法保证使用正确的姿势攀爬，更会让攀岩者的攀爬技术停滞不前，同时功能的丧失也是攀岩者出现各类损伤的导火索。

第一节　攀岩前身体准备——身体功能筛查

良好的体能储备和身体功能是掌握攀岩技巧和预防损伤的重要组成部分，那么你的身体已经做好挑战岩壁的准备了吗？下面通过几个简单的身体功能筛查来检测你的准备是否充分。

1. 肩关节测试——手臂举过头顶

该动作主要测试的是肩关节的能力，包括所有要将手定在头顶的姿势或动作，如图4.1所示。这个动作使你的肩关节自动做出外旋姿势。如果发现任何常见的错误，即可推断你的问题是肩关节外旋还是屈曲幅度不足。

图4.1　肩关节测试——手臂举过头顶

攀岩者在攀爬过程中肩关节的使用几乎是全程参与的，交叉手抓目标支点，却因为肩关节活动范围差而抓不到；攀岩时需要重心下降，肩关节柔韧性不足而降不下来；用手抓支点往上爬，手指和小臂容易酸痛，还会造成圆肩驼背的体态。出现这些问题是因为没有一个功能完好的肩关节，并且如果肩关节活动受到限制，那么意味着伤病的到来也就不远了。

基本快速测试：

保持脊柱中立，手臂举至头顶。手臂尽量向后伸展，肘部伸直，肩关节外旋从侧面应该能看到你的耳朵。拇指朝后、腋窝朝前提示自己外旋肩关节。反之，如果肩关节活动度不足或脊柱没能支撑到位，可能会导致胸廓向后倾斜、骨盆向前倾斜，从而呈现过度伸展的姿势。如果肱三头肌僵硬，就很难锁定肘部。肩关节旋转的活动度不足表现为肩部前倾，同时肘部外展。

2. 肘腕关节测试——腕关节伸展

相对于普通攀岩者，优秀的攀岩者肘关节屈肌的力量优势明显，伸肌的收缩速度较快。同时，优秀攀岩者左、右手之间，无论屈肌还是伸肌，均更为平衡，良好的小臂力量是提高攀岩成绩的有效保障。但是由于长期的重复运动，小臂肌群也更容易紧张酸痛导致肌肉弹性下降，关节活动度下降，影响成绩的进一步提高。

基本快速测试：

保持肘部伸直，躯干朝向正前方，手指分开，掌根紧贴墙面，充分伸展上肢，如图4.2所示。如果无法做出以上动作，可能是因为缺乏肩关节旋转所需的活动度或肘关节和腕关节伸展所需的活动度。

图4.2　肘腕关节测试

3. 髋关节灵活性测试——深蹲

似乎没有哪个项目像攀岩这个运动对于髋关节灵活性的要求之高。缺乏良好的髋关节灵活性，攀岩者在攀爬的过程中无法使用下肢力量，会增加膝关节损伤的风险，下面三个动作就是测试髋关节功能的参考标准。

（1）深蹲测试

上半身躯干与胫骨（小腿骨）保持平行，或者躯干与地面接近垂直，如图4.3所示。髋关节低于膝盖，双膝在双脚的正上方，头部和肩部保持中立位。深蹲动作不仅可以测试髋关节的灵活性，还可以测试髋、膝、踝关节的对称性、灵活性和稳定性及骨盆和核心区的稳定性和控制能力。如果无法正确做到此动作也就是以上能力的缺失，尤其是髋关节能力的不足。

图4.3　深蹲测试

（2）屈髋测试

保持脊柱支撑在中立位，髋部后坐，躯干前倾，手臂自然下垂。以髋部为轴俯身时稍稍屈膝。保持背部平直、肩部中立及胫骨垂直于地面。最终要做到上半身与地面平行，或者说髋关节弯曲90° 。反之如果大腿后侧肌肉过于紧张，背部就会拱起，继而使肩部前倾，如图4.4所示。

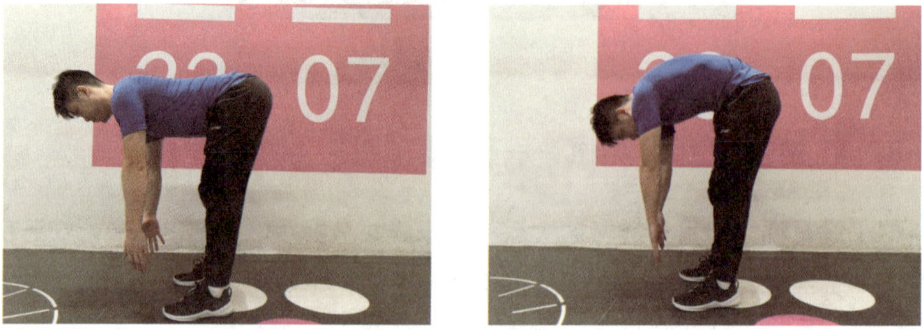

图4.4　屈髋测试

（3）单腿深蹲测试

这个动作展示了普通人正常活动所必需的踝关节活动度，它要求关节有完整的屈曲活动度及踝关节有完整的背屈活动度。因此，如果能完成单腿深蹲，就说明髋关节和踝关节很可能拥有相应完整的活动度，如图4.5所示。能否真正做到单腿深蹲并不重要，但应该能做出基本的动作，而不是在尝试做这个动作时一屁股坐在地上。

图4.5 单腿深蹲测试

做出坐的姿势，一条腿伸向身体前方，把所有重量都压在另一条腿上并保持平衡。要在尽量保持背部平直的同时保持脚和膝盖的中立姿势。反之如果不能保持脚后跟贴地，或者向后坐到地上，就几乎可以肯定髋关节缺乏弯曲所需的活动度以及踝关节缺乏背屈所需的活动度。膝盖偏向脚踝内侧和脚部拱形塌陷，也都说明髋关节和踝关节活动度不足。

LA SPORTIVA供图

第二节 如何有效热身与放松

任何运动都需要完善的准备活动与整理放松。

准备活动的目的是为即将到来的高负荷运动做好生理和心理上的准备。其作用不仅仅是单纯提高身体温度，增加关节的活动范围及关节润滑度那么简单，更重要的是激活和唤醒神经系统，提高注意力，强化心理准备，加快主动肌与拮抗肌之间的收缩与放松，提高力量增加速率，改善肌肉力量与爆发力，预防损伤。

常见的热身方式大多采用活动关节和拉伸肌肉，甚至有些攀岩者直接在岩壁上进行爬行热身，这是极不科学的，完整的热身不仅需要结合攀岩项目本身的动作特征，还需要进行动态拉伸、肌肉激活、动作整合、神经激活、关节活动度练习、呼吸训练、纠正性练习等。下面带大家进行一套完善的热身流程。

1. 热身——泡沫轴滚动

通过泡沫轴进行有效的拉伸可以减少肌肉酸痛和肌肉僵硬，降低肌肉的黏滞性，增强肌肉的弹性，同时可以伸展训练后缩短的肌肉，加速运动后的恢复。并且在消除肌肉紧张的同时，还能有效加强核心肌肉力量及身体的灵活性和平衡性。

（1）泡沫轴滚动臂部肌肉

泡沫轴滚动臂部肌肉演示，如图4.6所示。

图4.6 泡沫轴滚动臂部肌肉

动作要点：

① 坐在泡沫轴上，双手置于身后的地面以支撑身体。

② 将右脚踝放在左膝盖上，将重量移至右侧臀肌。左膝弯曲以增加压力滚动泡沫轴。

③ 利用右手臂的推力和左脚的拉力，将泡沫轴往后滚动至腰部位置，滚动时保持身体稳定。

④ 身体往前让泡沫轴滚到大腿顶端，持续让泡沫轴在整个右臀来回滚动20～30秒。

⑤ 换左边，重复相同动作按摩左侧臀肌。

（2）泡沫轴滚动下背部

泡沫轴滚动下背部演示，如图4.7所示。

图4.7　泡沫轴滚动下背部

动作要点：

① 臀部坐在地上，双脚向前伸出平贴于地，泡沫轴放在下背部后方。

② 上半身向左转，用泡沫轴按摩下背部左侧。针对脊椎左侧位于骨盆上方的软组织施加压力。为避免造成腰椎疼痛和受伤，只能对肌肉施加压力，千万不要压在骨头上滚动。

③ 轻轻地下上来回滚动整个下背部左侧20～30秒，滚动时保持身体稳定。

④ 上半身转向右边，重复相同的运动，按摩下背部右侧。

（3）泡沫轴滚动上背部

泡沫轴滚动上背部演示，如图4.8所示。

图4.8　泡沫轴滚动上背部

动作要点：

① 仰卧在垫子上，屈膝约为90°，泡沫轴置于上背部。

② 双手抱头，利用腿部驱动拉动泡沫轴上下滚动，感觉胸椎慢慢伸展开。

③ 轻轻地下上来回滚动整个背部20～30秒。

④ 滚动时保持身体稳定。

⑤ 可停留在某个部位进行胸椎屈伸的动作。

（4）泡沫轴滚动阔筋膜张肌和臀中肌

泡沫轴滚动阔筋膜张肌和臀中肌演示，如图4.9所示。

图4.9　泡沫轴滚动阔筋膜张肌和臀中肌

动作要点：

① 手掌撑地，臀部侧身压在泡沫轴上。

② 将身体的重量全部压到单侧臀部使泡沫轴上下滚动。

③ 转身向斜前方小幅度滚动泡沫轴放松阔肌膜张肌，持续20～30秒。

（5）泡沫轴滚动内收肌

泡沫轴滚动内收肌演示，如图4.10所示。

图4.10　泡沫轴滚动内收肌

动作要点：

① 俯卧双肘支撑，单腿屈膝屈髋上提，泡沫轴位于大腿内侧，另一只脚尖点地伸直。

② 左右来回滚动泡沫轴进行按压，向上滚动至大腿根部，向下滚动至膝盖内侧，持续20～30秒。

③ 滚动时保持身体稳定，找到特别酸痛点，可以在附近小范围来回移动。

（6）泡沫轴滚动股四头肌

泡沫轴滚动股四头肌演示，如图4.11所示。

图4.11　泡沫轴滚动股四头肌

动作要点：

① 俯卧于泡沫轴上，双手肘部撑地，双脚并拢，平板支撑姿势。

② 利用手肘支撑，拉动泡沫轴来回滚动，在疼痛处可停留屈伸膝盖进行放松。

③ 向上滚动至大腿根部，向下滚动至膝盖上方，持续20～30秒。

（7）泡沫轴滚动背阔肌

泡沫轴滚动背阔肌演示，如图4.12所示。

动作要点：

① 屈膝侧躺于地板上，单臂伸直向上延伸，泡沫轴放在腋下背阔肌处。

② 对侧手压在泡沫轴上以来回推拉滚动泡沫轴。

③ 身体姿态不一定要完全侧躺，可以微微向后翻转。

④ 按压背阔肌时，向上滚动至腋下，持续20～30秒。

（8）泡沫轴滚动胸大肌

泡沫轴滚动胸大肌演示，如图4.13所示。

图4.12 泡沫轴滚动背阔肌

图4.13 泡沫轴滚动胸大肌

动作要点：

① 面朝下趴在泡沫轴上，手臂垂放在泡沫轴前方。

② 推动身体来回滚动泡沫轴进行按摩，女性将手臂高举过头，向后伸会更好。

2. 热身——关节灵活性激活

在进行完泡沫轴滚动后，继续进行动态热身的环节。这个环节的热身需要结合攀岩项目的运动特征及动作特点，全方位地激活神经和关节活动度，为安全攀岩扫清障碍。

（1）平衡腿

一侧手臂抬起，对侧脚同时向外伸展，保持身体平衡，如图4.14所示。也可以伸直脚尖模仿攀爬时的动作。对侧手脚形成一条直线。此动作每边做5次。

（2）反向外侧平衡腿

一侧手臂抬起，同侧脚同时向对侧伸展，保持身体平衡，如图4.15所示。此动作每边做5次。

图4.14　平衡腿

图4.15　反向外侧平衡腿

（3）髋关节深蹲环绕

脚趾稍向外屈膝，手肘顶住膝盖内侧，身体顺时针或逆时针旋转，如图4.16所示。

图4.16　髋关节深蹲环绕

胳膊肘撑住膝盖，向两侧旋转身体，以增加拉伸幅度。此动作做5次。

（4）弓步胸椎伸展

手掌上举的同时弯曲同侧膝盖呈弓箭步姿态，上举的手臂垂直于地面，头部看向举起的手掌，对侧手垂直撑地保持指屈的姿势。此动作每边做5次。

（5）弓步旋转

弓步，弯曲膝盖，旋转身体，前面的手臂绕过身体，后面的手臂举过头顶。另一侧动作相同，弓步的同时，前面的手臂向后绕过身体，后面的手臂举过头顶。此动作每边做5次。

图4.17　弓步胸椎伸展

图4.18　弓步旋转

（6）抱膝高抬腿

抬起膝盖，尽量贴近前胸，如图4.19所示。

图4.19　抱膝高抬腿

抬起对侧膝盖，尽可能地靠近前胸。此动作每边做5次。

（7）肩绕环

手持弹力带或木棍，两手抓住棍子两边，掌心朝下置于正前方，双手距离比肩略宽。缓慢举起棍子到头顶，然后继续向后到达自己极限，如图4.20所示。回到开始的位置，重复做10次。上肢可以旋转肩部、肘部、手腕。

图4.20　肩绕环

（8）腕肘肌肉伸展

在手肘、手腕弯曲和伸直的姿势之间切换动作顺序，可以模拟攀登时动作的顺序，每个动作做10次，如图4.21所示。

图4.21　腕肘肌肉伸展

（9）手指伸展

握拳并用力捏紧1秒后轻轻舒展手指，尽可能舒展开，重复做10次，如图4.22所示。

图4.22　手指伸展

3. 放松——筋膜球

有别于泡沫轴放松与静态拉伸，虽然泡沫轴和静态拉伸都可以帮助攀岩者提高柔韧性和关节活动度，但是筋膜球可以更加精准且深层次地帮助攀岩者找到细微肌肉紧张的地方。由于在攀岩过程中让攀岩者的深层肌肉和小肌肉群经常会劳损，筋膜球就像手指的延伸，帮助攀岩者放松任何希望触及的区域。

（1）滚压手掌和手指

滚压手掌和手指演示，如图4.23所示。

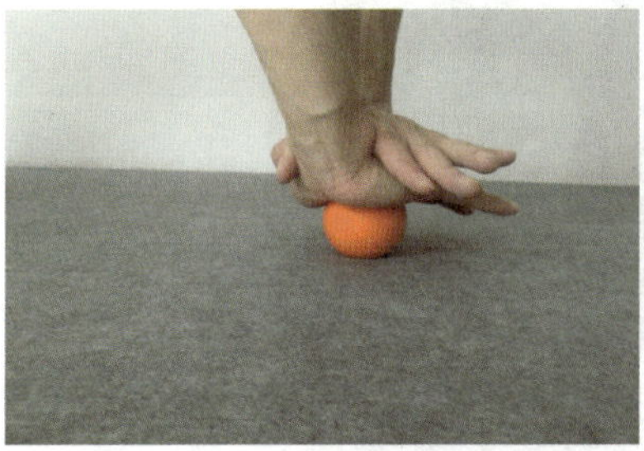

图4.23　滚压手掌和手指演示

动作要点：

① 站姿或跪姿，一只手放在筋膜球上，另一只手帮助固定手掌以获得更大的力量。

② 在可承受的范围内施加尽可能大的压力，同时向各个方向滚动。

③ 在掌部滚动处最酸痛的位置放松肌肉。

④ 顺着或垂直于软组织施加压力，最重要的是速度越慢越好，将压力完全释放到掌心深层。

（2）胸椎放松

胸椎放松演示，如图4.24所示。

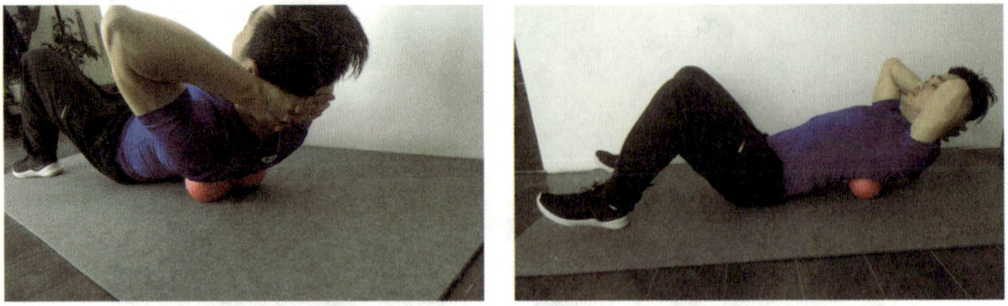

图4.24　胸椎放松演示

动作要点：

① 双臂环抱后颈，肩胛骨被提起。将筋膜球置于胸椎的节段。

② 胸部缓慢地在筋膜球上方下压。为避免腰椎过度伸展，核心肌群一定要发力。之后，继续在筋膜球上方使背部呈拱形。如果需要更大的压力，就在使背部呈拱形的同时抬起髋部。

③ 为了进一步增大压力，可以用双脚用力踩垫子并抬高髋部。

（3）滚压胸大肌与三角肌前束

滚压胸大肌与三角肌前束演示，如图4.25所示。

图4.25　滚压胸大肌与三角肌前束

动作要点：

① 把球放在墙面，面对墙站立，把筋膜球放在胸大肌正前方，把身体重量压上去，找出最紧张的区域，利用双腿力量推动身体顺着肌肉方向由内向外滚动。

② 球放置在活动的那侧肩部进行肩部运动。

③ 保持手臂伸展、肩关节外旋，将球移动至肩前侧，上下滚动筋膜球，最大限度地释放肩部张力。

（4）滚压肱三头肌和三角肌中束

滚压肱三头肌和三角肌中束演示，如图4.26所示。

动作要点：

① 一只手撑在地上，身体侧躺重心转到一侧，使大臂后侧的肌肉压在筋膜球上。

② 推动手掌使上半身的重量压在大臂肌肉上。

③ 移动身体让筋膜球从肘部滚向肩部。

④ 在三角肌中束，也就是肩部中侧用力按压使之酸痛，并向各个方向小范围滚压。

（5）滚压前臂伸肌

滚压前臂伸肌演示，如图4.27所示。

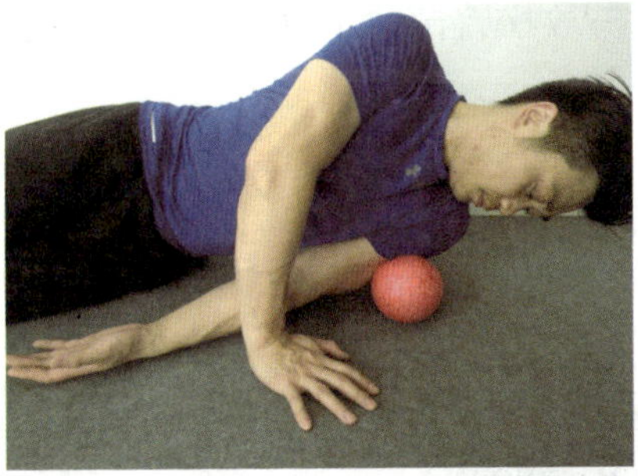

图4.26 滚压肱三头肌和三角肌中束

图4.27 滚压前臂伸肌

动作要点：

① 将筋膜球放在小臂前侧的肌肉下，用身体压住手臂以保持压力。

② 移动身体让筋膜球在小臂下滚动。

③ 关键在于不仅要滚压肌肉，同时需要向各个方向滚动来放松前臂，使之酸痛。

（6）臀肌的滚压与放松

臀肌的滚压与放松演示，如图4.28所示。

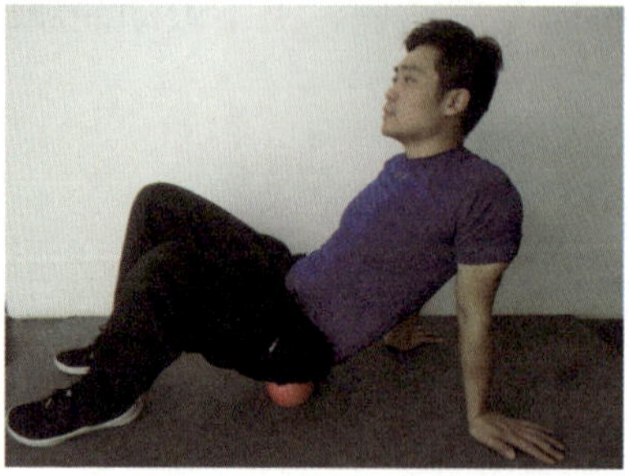
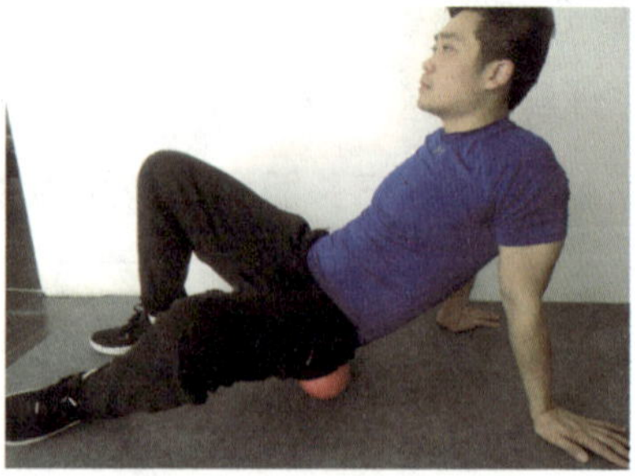

图4.28　臀肌的滚压与放松

动作要点：

① 将筋膜球放在臀部的下方，找到酸胀的触发点。

② 当筋膜球触及臀部深层肌肉后，通过摆动腿部并将膝盖摆动到地面以活动臀部周围的软组织。

③ 除了通过向内向外摆动来滚压与放松臀部外，还可以让筋膜球慢慢地从一侧臀部滚动到另一侧，对臀肌横向施加压力。

④ 如果发现特别疼的部位，就使用收缩与放松臀部的活动方法，直至筋膜球能够触及软组织的深层。

（7）滚压小腿后侧

滚压小腿后侧演示，如图4.29所示。

图4.29　滚压小腿后侧

动作要点：

① 将筋膜球放在小腿三头肌下方。

② 将身体向正在滚压的那条腿转动，从而尽可能多地把体重压在筋膜球上。

③ 收缩与放松小腿肌肉，伸展或勾脚来进行松动，或者左右摆动用筋膜球滚动腿部肌肉。

④ 如果希望获得更大的压力，可以将臀部抬离地面滚动。

（8）滚压小腿胫骨

滚压小腿胫骨演示，如图4.30所示。

动作要点：

① 跪在地上，将筋膜球置于小腿胫骨外侧。为了增大压力，可以将髋部向后坐，或者将自己的身体重心置于筋膜球上方。

② 从腿的外侧向内侧施加压力，如果找到一个疼痛的点，就停下来，转动脚。也可以收缩与放松，使筋膜球更深地触及紧绷的肌肉组织。

（9）滚压足部

滚压足部演示，如图4.31所示。

图4.30 滚压小腿胫骨演示

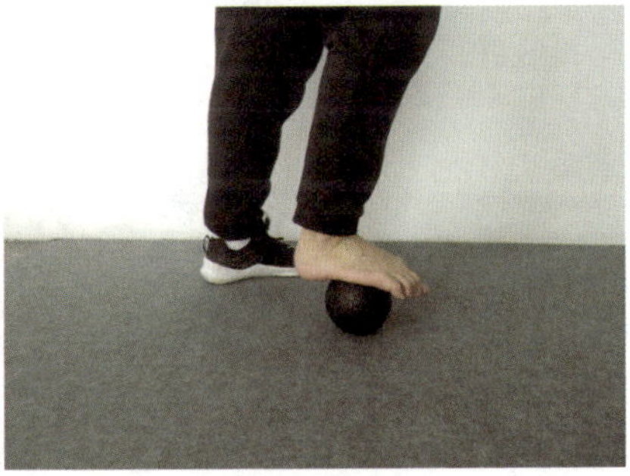

图4.31 滚压足部

动作要点：

① 站姿，一只脚放在筋膜球上，把它固定在足底的任何位置。

② 在可承受的范围内施加尽可能大的压力。

③ 在足底滚动至最硬的位置收缩和放松足底肌肉。

④ 顺着或垂直于足底软组织施加压力，最重要的是速度越慢越好，将压力完全地释放到足部深层。

⑤ 从前脚掌到脚后跟滚压至少要持续1分钟，如果希望获得更大的压力可以试着站在筋膜球上做动作。

4. 放松——静态拉伸

运动后进行静态拉伸将更好地梳理肌肉的走向，增加肌肉的延展性，减少肌肉纤维和韧带在运动中损伤，提高身体的柔韧性和协调性。系统的拉伸还能起到拉长肌肉肌腱、改善身体线条的作用。

（1）头部拉伸

头部拉伸演示，如图4.32所示。

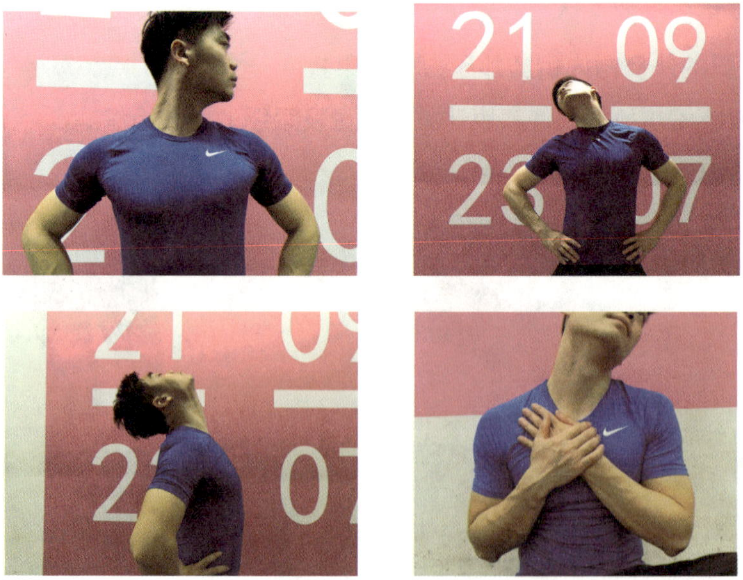

图4.32　头部拉伸

（2）手臂拉伸

手臂拉伸演示，如图4.33所示。

图4.33 手臂拉伸

（3）躯干拉伸

躯干拉伸演示，如图4.34所示。

图4.34 躯干拉伸

（4）髋关节拉伸

髋关节拉伸演示，如图4.35所示。

图4.35　髋关节拉伸

（5）大腿拉伸

大腿拉伸演示，如图4.36所示。

图4.36　大腿拉伸

LA SPORTIVA供图

（6）小腿拉伸

小腿拉伸演示，如图4.37所示。

图4.37　小腿拉伸

第三节　全面提升攀岩基础力量

力量训练在任何运动中都是必不可少的，基础力量的缺乏不仅使技能学习停滞不前，更会增加受伤的风险。攀岩运动是一个多关节参与的动作，攀岩者在训练时也要最大限度地锻炼多个关节和肌肉参与，孤立地锻炼肌肉并不能有效地提高攀岩能力。

1. 上肢力量训练

上肢训练主要分为推和拉两种方式。一个好的上肢训练方案的基本目标，是均衡地提高上半身所有的重要动作模式。

（1）反握/相对握/正握引体向上

反握/相对握/正握引体向上演示，如图4.38所示。

图4.38 反握/相对握/正握引体向上

动作要点：

① 肩胛骨下沉锁住，微微屈髋，此时核心区域发力。

② 通过背部力量下拉。

③ 吐气拉起身体，吸气还原到起始位。

④ 如果力量不够，可增加弹力带辅助。

（2）弹力带下拉

弹力带下拉演示，如图4.39所示。

图4.39 弹力带下拉

动作要点：

① 手臂交叉抓住弹力带。

② 先内收并压下肩胛骨，向斜后方发力。

③ 吐气向后收紧身体发力，吸气还原。

（3）仰卧下拉

仰卧下拉演示，如图4.40所示。

图4.40 仰卧下拉

动作要点：

① 把悬吊训练器械的把手调整到大约腰部的高度，双脚放在长凳上，腹部收紧，身体笔直。

② 可以适当增加身体倾斜程度来减轻训练难度。

③ 吐气拉起身体，吸气还原。

（4）单臂单腿划船

单臂单腿划船演示，如图4.41所示。

图4.41　单臂单腿划船

动作要点：

① 尽可能地稳定踝、膝和髋关节，把弹力带拉到胸部下方的肋骨旁。

② 开始时拇指向下，结束时拇指向上。

③ 吐气向后发力，吸气还原。

（5）俯卧撑

俯卧撑演示，如图4.42所示。

图4.42　俯卧撑

动作要点：

① 腹部收紧，手与肩膀同宽，放于胸部两侧。

② 肩胛收住夹紧，腹部发力推起。

③ 吐气推起身体，吸气俯身向下。

（6）站姿弹力带肩上推举

站姿弹力带肩上推举演示，如图4.43所示。

图4.43　站姿弹力带肩上推举

动作要点：

① 臀部收紧，腹部收紧。

② 肩胛骨内夹，交替抬手，缓慢推举。

③ 吐气向上推，吸气还原。

（7）站姿肩部稳定训练

站姿肩部稳定训练演示，如图4.44所示。

图4.44　站姿肩部稳定训练

动作要点：

① 稳定站立，上身微倾，弹力带固定在与胸部水平位置。

② 用后背肩胛内收的力，扩胸打开双臂，从后背看呈现字母“T”。

③ 吐气向外发力，吸气还原。

（8）站姿肩外旋

站姿肩外旋演示，如图4.45所示。

图4.45 站姿肩外旋

动作要点：

① 站姿核心区域收紧，肘部肩部呈90°。

② 肘部角度保持不变，以肩部为轴向外旋转，抵抗弹力带的阻力。

③ 吐气发力，吸气还原。

2. 核心力量训练

任何锻炼腹部、髋部甚至肩胛胸壁稳定肌的训练都可以看作为核心训练。“核心”这个词含义广泛，指人体的中央部分的全部肌肉。核心肌群包括腹直肌和腹横肌（腹部肌肉）、多裂肌（背部肌肉）、腹内斜肌和腹外斜肌（腹部肌肉）、腰方肌（下背部肌肉）、竖脊肌（背部肌肉），以及在一定程度上可以算作核心肌群的臀肌、腘绳肌、髋部旋转肌肉，如图4.46所示。

核心三角区的位置准确成为使用正确姿势攀岩的重要因素，下面的训练将帮助攀岩者在攀爬过程中保持身体稳定抵抗外力，获得更好的攀爬表现。

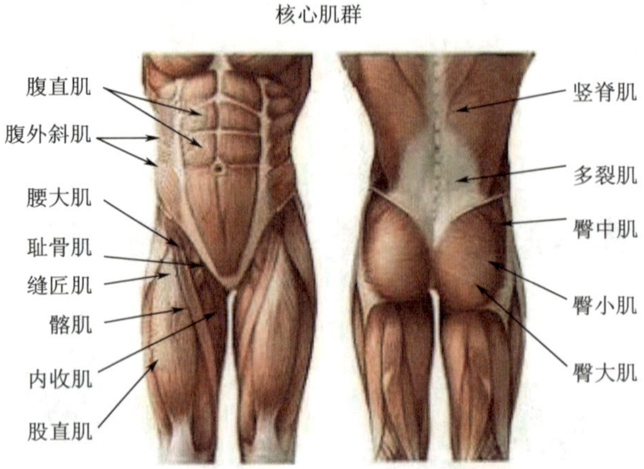

图4.46　核心肌群

（1）死虫训练

死虫训练演示，如图4.47所示。

图4.47　死虫训练

动作要点：

① 平躺，背部紧贴地面，用力呼气。双臂抬起伸直，指向天花板。双腿弯曲成90°，腹部发力，臀部紧贴地面。

② 吸气的同时将一条腿伸直平放，脚不要着地。

③ 呼气的同时腹部发力将伸直的腿抬回起始位置。

④ 换另一边重复以上动作，两边交替重复动作。

（2）平板支撑

平板支撑演示，如图4.48所示。

动作要点：

① 脚尖支撑。

② 手肘位于肩膀正下方。

③ 头部、上背、臀部保持一条直线。

④ 臀部、腹部全程绷紧。

当可以完成30秒以上完美的平板支撑后，再继续延长时间，这时就可以加入肢体动作或利用手边可得的器材来提高动作难度。

（3）锯式平板

锯式平板演示，如图4.49所示。

图4.48　平板支撑

图4.49　锯式平板

动作要点：

① 泡沫轴放在脚踝下，维持平板支撑的姿势。

② 保持身体稳定，肩部发力前后移动身体。

③ 臀部、腹部全程收紧。

（4）俯卧挺身

俯卧挺身演示，如图4.50所示。

图4.50　俯卧挺身

动作要点：

① 收紧臀部和肩胛骨，不要让腰部受力过多。

② 尽量抬起手臂与大腿的同时维持腰椎的曲度不要过大。

③ 当静态保持达到30秒可以过渡到动态上下肢摆动。

（5）侧身平板支撑

侧身平板支撑演示，如图4.51所示。

图4.51　侧身平板支撑

动作要点：

① 臀部不要向后，身体始终成一条直线。

② 胯部不能塌下去，保持肩胛收紧、脊柱中立和挤压臀部。

③ 当能完成30秒以上完美的侧身平板支撑，要考虑更进阶的训练动作。

（6）弹力带上推

弹力带上推演示，如图4.52所示。

图4.52　弹力带上推

动作要点：

① 膝关节微屈，身体保持中立位。

② 肩胛骨收紧的同时侧拉弹力带，同时身体保持不要产生旋转。

③ 吐气向斜上方发力，呼气还原。

（7）鸟狗训练

鸟狗训练演示，如图4.53所示。

图4.53　鸟狗训练

动作要点：

① 在俯身跪姿下，对侧手脚同时做屈伸动作。

② 身体绷紧尽量不产生旋转。

③ 保持脊柱中立位，不要挺腰。

④ 手脚同时动作有困难的人可以只先动脚。

进行核心训练时应让脊椎在中立位置上抵抗外力，并尽可能地保持静止或最小幅度的活动。有效的训练是以动作质量来衡量的，而不是看具体的数字，核心无力情况下的训练不仅浪费时间同时会增加腰部损伤的风险。

3. 下肢力量训练

很多初学者常常误以为攀岩是一个依靠上肢的运动项目，实际上这是大错特错的。学会下肢发力才是攀岩入门的第一步，良好的下肢力量是任何运动项目的重中之重。无论我们的目标是改善运动表现、预防损伤、增强力量还是促使肌肉肥大，下肢训练是实现这些目标的最佳途径。

（1）自重深蹲

自重深蹲演示，如图4.54所示。

图4.54　自重深蹲

动作要点：

① 起始位两脚开立与肩同宽，脚尖外展约30° 。

② 下蹲后保持背部挺直，臀部向后向下坐。

③ 膝关节朝向脚尖。

④ 大腿与地面平行，脚尖不翘起，大拇趾抓地。

（2）弹力带硬拉

弹力带硬拉演示，如图4.55所示。

图4.55　弹力带硬拉

动作要点：

① 两脚分立，俯身，保持肩关节在膝盖的前方，握紧弹力绳。

② 收缩臀部和大腿后侧使身体恢复直立姿态，过程中保持膝关节微屈。

③ 全程保持脊柱中立位，身体稳定。

（3）单腿蹲

单腿蹲演示，如图4.56所示。

动作要点：

① 有控制地下蹲，直到后支撑腿的膝盖轻触地面，始终稳定核心肌群、身体挺直。

② 下蹲时，感觉后边大腿前侧有拉伸感，起身吐气。

③ 不要离后面的垫子或凳子太近，距离太近会导致膝关节压力过大；也不能距离太远，距离太远可能导致弓背或腰部、臀部疼痛。

（4）单腿深蹲

单腿深蹲演示，如图4.57所示。

图4.56 单腿蹲

图4.57 单腿深蹲

动作要点：

① 动作中保证脊椎处于稳定中立的状况，避免弯腰驼背、脊柱侧弯及旋转。

② 屈髋屈膝单腿下蹲，直至大腿与地面平行，然后再起身回到起始位置。

③ 膝盖保持和脚尖在同一平面，动作要慢，以免扭伤。

（5）侧弓步

侧弓步演示，如图4.58所示。

图4.58　侧弓步

动作要点：

① 双脚分开站立，距离约为肩宽的2倍，脚掌朝前，稍往外。

② 臀部往一侧坐下去时为了避免膝关节参与过多，建议先往后坐再屈膝下蹲。

③ 充分感受臀部后侧外侧发力。

（6）单腿臀桥

单腿臀桥演示，如图4.59所示。

图4.59　单腿臀桥

动作要点：

① 保持身体稳定，核心区域收紧。

② 臀部腰部肌肉要有绷紧的感觉。

③ 抬起臀部时不要通过腰部肌肉来提起胯部，使用臀大肌肌肉群来完成。

（7）滑盘屈腿

滑盘屈腿演示，如图4.60所示。

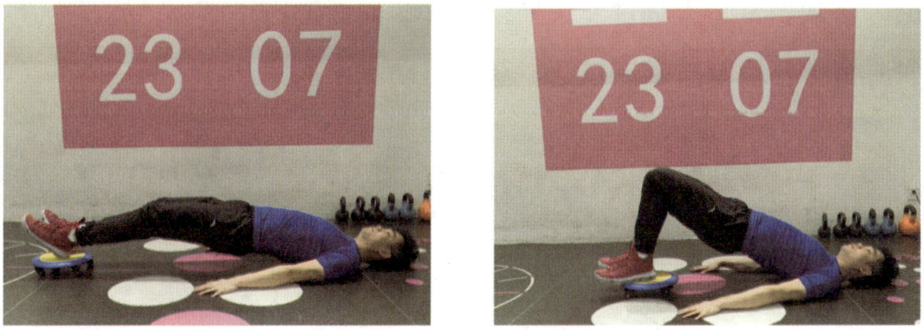

图4.60　滑盘屈腿

动作要点：

① 全程保持挺髋状态，臀部顶起。

② 身体保持稳定，脊柱在中立位，核心区域收紧，感受大腿后侧发力。

③ 屈腿和伸腿的过程中身体不要摆动。

（8）双脚跳

双脚跳演示，如图4.61所示。

图4.61　双脚跳

动作要点：

① 落地时膝关节微屈以达到缓震的作用。

② 不要驼背，核心区域收紧，脊柱保持中立位。

③ 落地时由脚后跟过渡到脚前掌，最终平稳落地。

④ 发力过程要连贯，感受上下肢协同发力。

以上内容从力量与柔韧性及关节活动度多方面进行了阐述，这些能力的提高将帮助攀岩者更好地掌握攀岩技巧，获得运动水平的提升。

攀岩教练、国家一级攀岩定线员：蒙志庚
摄影师：厚老师

第五章 攀岩装备使用与攀岩保护

攀岩是一项有风险的运动，无论是从事攀岩运动的专业人员、喜欢攀岩的爱好者，都需要正视攀岩的风险，学习必要的技巧，并且正确地使用攀岩装备。提高攀岩装备使用的准确性与熟练度，与攀岩者不断完善攀岩动作、提高攀岩技巧、增强身体机能同等重要。

另外，攀岩不是一项独自的运动，虽然优秀的攀岩者与金牌保护者并不共通，但出色的保护技术，是对自身与同伴都负责的一种表现。

第一节　攀岩装备介绍

1. 攀岩鞋

攀岩鞋从样式可分为系带式（Lace-Up）、粘扣式（Velcro）和拖鞋式（Slipper）三类；从功能性可分为基础训练、多用途、高性能、全天性能四类；从鞋楦鞋底（主要是足弓部位）的形状分为平底（Board　Lasted）和拱形底（Slip Lasted）两类；从不同鞋楦产生的不同舒适性又可分为舒适型、强包裹型、高灵敏度型三类。

（1）系带式

系带式攀岩鞋因可以通过鞋带的松紧做到精细调整，使其或舒适或包脚，拥有比较宽的使用范围，如图5.1所示。调整系带式攀岩鞋鞋带的松紧程度，还可以获得不同的鞋子支撑性能，鞋带松一些，则鞋子横向柔软一些；反之，则提供坚硬一些的支撑。

图5.1 LA SPORTIVA 天才GENNIUS

系带式攀岩鞋多采用硬而厚的中底增强脚部支撑力，加之当脚变得又热又肿或者短暂行走的时候，可以解开鞋带放松，所以系带式攀岩鞋多属于全天候性能鞋，很适合自然岩壁的长距离攀登。

在野外攀爬相对平坦的岩壁轮廓可以使它们很好地进入裂缝。

缺点：穿脱麻烦，特别是在攀石这种短距离路线攀爬，攀岩鞋需要反复穿脱的情况下。

（2）粘扣式

粘扣式攀岩鞋穿脱方便，调整快速、灵活，脚掌的运动也很自如，如图5.2所示。粘扣式攀岩鞋同样覆盖从基础训练到高性能训练多种情况。

缺点：在野外攀爬使用“塞脚”或者其他需要脚部扭转的动作时，粘扣可能会意外打开。

（3）拖鞋式

拖鞋式攀岩鞋多由松紧带控制穿脱，如图5.3所示。

图5.2 LA SPORTIVA SOLUTION

图5.3 LA SPORTIVA Maverink除鸦Maverink

通常拖鞋式攀岩鞋会采用比较薄的鞋底，没有衬里，脚感比较柔软。穿着此类鞋子，攀岩者可以感觉到最轻微的起伏，踩点特别牢靠，用脚趾向上钩的动作也非常好用。

不过此类攀岩鞋，固定力和支撑力都不足，受力的时候会变形。拖鞋式攀岩鞋不适合挂脚类动作，如使用拖鞋式攀岩鞋挂脚，攀岩者需选用更小的尺寸。

在野外攀爬，因为没有鞋带和粘扣，切面高度较低，特别适合于细裂缝攀登。

在此列举三款不同类型的攀岩鞋。

① LA SPORTIVA狼蛛Tarantula，入门型攀岩鞋，基础训练，如图5.4所示。直板型的平底攀岩鞋比较接近日常穿着的鞋，脚掌部位设计得匀称、长时间穿着比较舒适，因此多作为基础训练与全天性能鞋使用。

因为它们的舒适性，其成为初学者与进行多坡度攀岩爱好者很好的选择。

优点：穿起来非常舒服，脚趾可以在鞋内伸直。

缺点：较厚较硬的鞋底对岩点的触感不够灵敏。放松、舒适的设计不适合困难较大的路线。

② LA SPORTIVA大蟒Python，适中型攀岩鞋，多用途，如图5.5所示。拖鞋式松紧口，拱形鞋底，大脚趾扭曲。皮质，鞋底有一些硬度，敏感和支撑性能比较平均，适合从初学者到高手的各个级别的攀岩者。

图5.4　LA SPORTIVA狼蛛Tarantula

图5.5　LA SPORTIVA大蟒Python

Python这款轻便、舒适的带魔术贴松紧口式攀岩鞋，在挂脚时为攀岩者提供精准的定位。新式的足跟设计提升了牢固性和保护性，比传统足部设计安全系数更高，超级坚固的脚尖安全罩保证了勾脚时动作的到位。大底采用Vibram Xs Grip二代，增强了岩壁摩擦力。

适中型攀岩鞋，根据设计师的意图在两个维度的极限中取舍，在保持高性能的前提下提升舒适性。

优点：黏性的橡胶和更薄的鞋底，使攀岩者穿着体验更舒适，拥有更好的触感。向下弯曲的形状使脚部比平底攀岩鞋更有力，可以帮助攀岩者攀爬更有挑战性的路线。

缺点：不像竞技款攀岩鞋那样以高性能为导向，不太适合悬挂的路线和挑战高难度路线。舒适性一般，黏性的橡胶和较薄的鞋底磨损要比入门鞋更快。

③ LA SPORTIVA阿凡达Futura，竞技款攀岩鞋，高性能，如图5.6所示。该鞋是一双经典的竞技款攀岩鞋，它的足弓部分呈明显拱形，鞋底向脚趾方向弯曲，这样的设计方便将脚部力量更好地集中在脚尖，提升脚部对小支点的适应程度。竞技款攀岩鞋要求包裹性较强，攀岩者选择鞋码强调越小越好，以适应高难度的路线。

图5.6 La Sportiva阿凡达Futura

攀岩者穿着Futura时，脚趾向下弯曲，处于一个强有力的位置，脚后跟的张力加大，以挑战大仰角攀爬。大多数竞技款攀岩鞋都有此共性，不对称的形状，高拱度的鞋底，把身体力量集中在脚趾上，以便在小支点放置精确的位置。

优点：拥有精确的调节系统，超灵敏的脚感，优秀的挂脚设计，无论是室内还是野外攀岩，都是一流的战靴。

缺点：不适感更明显，对穿着者的耐受性要求更高，磨损也最快。

攀岩鞋选购建议

一款适合的攀岩鞋可以帮助攀岩者爬得更好，但选择一双适合自己的攀岩鞋却不容易。攀岩鞋以紧紧包裹足部为设计目的，适合自己的攀岩鞋应合脚、有包裹感，但不要太疼。

穿着太舒服的攀岩鞋可能并不适合攀岩者攀爬。适合的攀岩鞋是由攀岩者判断的一种可接受的“不适”。脚趾应该完全填充鞋头，脚跟要感觉牢固。

一款合脚的攀岩鞋可以帮助攀岩者爬得更好更久。

（1）亲自试穿是必要的

为了选择合适的尺码，亲自试穿是必要的。唯有试穿攀岩者才清楚哪双鞋子真正适合自己。因为各个品牌的鞋楦不同，制作方法也不同，最终呈现的尺码系统并不一样。即使同一厂商，楦型的差异也使同样尺码的鞋子有不同的感觉。

每个人脚形不同，耐受力不同，攀爬能力也不一样，所以尽量去试穿。在对自己适合的攀岩鞋款没有足够认知的情况下，不要盲目网上采购。

（2）选多大的尺码合适

不要盲目相信别人穿了多大的鞋，脚差不多，自己就可以穿多大的鞋。推荐人的承受能力不同，所推荐的尺码也不尽相同。

譬如有的资深攀岩爱好者认为，攀岩鞋应穿比正常鞋子小2～3码，脚趾需并拢弯曲，攀岩鞋与脚间没有空隙。有的大众水平攀岩爱好者自身还未穿到更小尺码的鞋子，所以会建议初学者购买小0.5～1.5码的攀岩鞋。尽管如此，在实际选购中，初学者可能也不能接受比正常鞋子更小码数的攀岩鞋，主要原因在于他们对攀岩鞋紧密包裹感的不适应。

随着初学者对攀岩运动的了解与体验不断深入，同时能力与难度也不断提高，对功能性的需求也相应增加，因此鞋码也会在之前的基础上不断减小。综合来说，与攀岩运动本身的迎难而上和保证安全之间不断调整平衡一样，攀岩者在选择攀岩鞋的样式与大小，也是在功能性与舒适度之间不断探寻属于自己的平衡状态。

（3）攀岩鞋越小越好吗

对于追求挑战难度的攀岩爱好者来说，最能满足其需求的是拱形鞋底、脚趾部位蜷曲的竞技款攀岩鞋。此类攀岩鞋尺码越小在仰角路线上的表现越出色，可以最大限度地帮助脚趾踩住支点。

对于新晋攀岩爱好者，当其不适应穿攀岩鞋的感觉时，很有可能过小的攀岩鞋会给脚部和精神造成过大的压力。如果攀岩者穿上一双连站都站不起来的攀岩鞋，攀岩最大的困难是疼痛，又怎么能爬得更好呢？

2. 安全带

安全带是大岩壁攀爬必不可少的装备。攀岩常用的安全带有全身式安全带和坐式安全带两种，分别如图5.7与图5.8所示。所有安全带类型都必须通过国际攀登联合会UIAA或欧洲标准CE（Conformite Europeenne）测试认证。

图5.7 全身式安全带

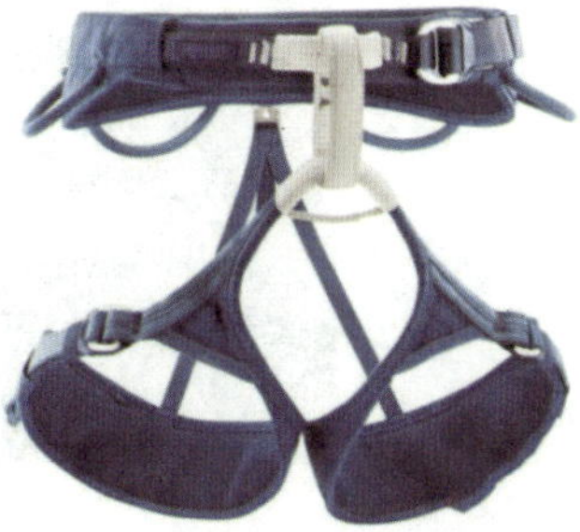

图5.8 坐式安全带

全身式安全带受力时，受力方向垂直于地面，竖直向上，可以将拉力均匀地分散到腿、胸、背。通常胯骨发育不完全的儿童使用全身安全带时，它能保证儿童在悬挂时处于竖直状态且不会从安全带中脱落，但这种安全带只适合攀岩者的使用，不适合进行其他的器械操作。

坐式安全带应用广泛，主要特点是重量轻、舒适性高。柔软的护垫内侧可以增加攀爬的舒适度；固定式的腿环不会影响攀爬动作。安全带装备环的数量依攀岩方式不同而有所差异。对于运动攀岩或上方保护攀登，一般需要两个装备环；而对于需要携带器材的传统攀岩，一般需要4个装备环。安全带的前面有一个保护环，可以很方便地进行保护或下降。

图5.9所示为坐式安全带，包括腰环、腿环、保护环、攀登环、装备环等。

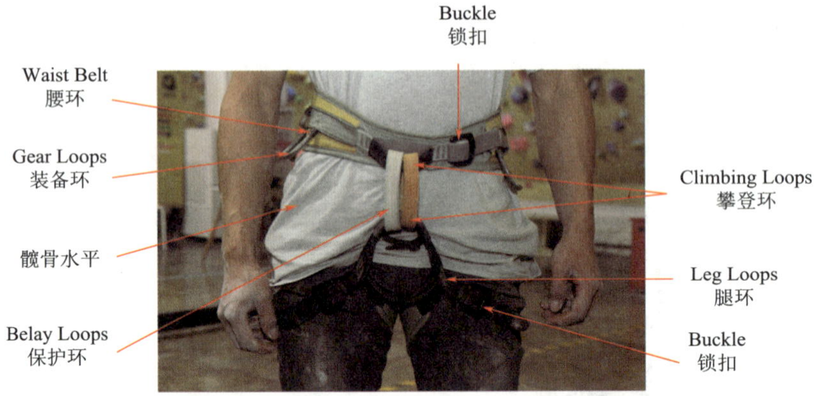

正面

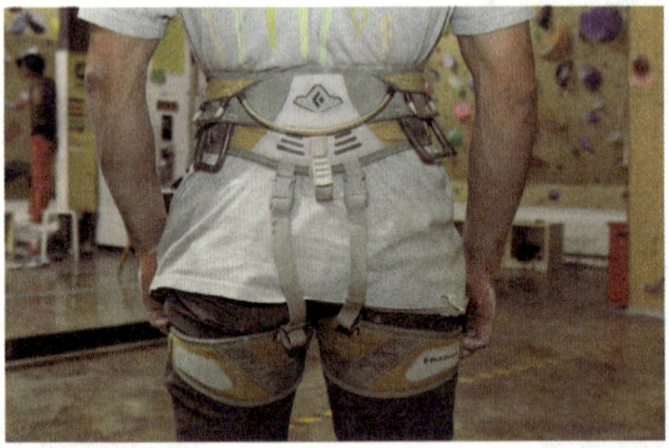

背面

图5.9 坐式安全带

安全带选择与使用注意事项：

① 选择适合的尺码。腰环和腿环需要反穿回去，否则受力时有拉开的危险；反穿后的扁带长度须在8厘米以上，短于8厘米则需换更大型号的安全带。

② 攀登之前攀岩者和保护者要互相检查安全带是否穿戴正确。

③ 正确穿戴，分清上下、左右、里外，避免颠倒、扭曲。装备环的承重在5千克以下，不能用于保护和下降操作。

④ 每一种安全带与绳索的连接方法都不一定相同，使用时一定要清楚安全带的正确使用方法和程序，才能保护安全。

⑤ 安全带穿好后，腰环需系在髋关节以上，穿在衣服的最外面。

⑥ 攀登过程中不能解开或调整安全带。

3. 主锁

主锁是攀岩中最常用的装备之一，在保护系统中起到安全连接的作用，如图5.10所示。可与扁带、安全带、绳子直接连接。

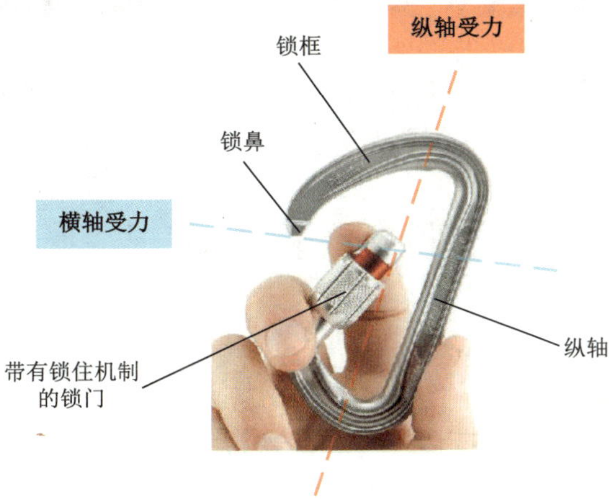

图5.10　主锁图示

所有主锁都必须通过UIAA或CE测试认证。

主锁分类：

主锁根据设计形态可分为对称型和非对称型。根据锁门上锁方式分为丝扣锁和自动门锁。根据外形可分为O形锁、D形锁、梨形锁等，如图5.11所示。O形锁和D形锁属于对称型，D形锁承重受力在锁脊旁边。梨形锁锁框比O形锁、D形锁大，锁门打开角度也大，方便与管状保护器连接，或者绳结操作。

O形锁　　D形锁　　梨形锁

图5.11　主锁分类

各锁形的优缺点，如表5.1所示。

表5.1　各锁形的优缺点

锁　型	优　点	缺　点
O形锁	可自动调整承重，集中于中心线不会左右移动。能装载的绳索或扁带比D型锁多。适用于辅助攀登	强度相对较低，锁门打开角度较小
D开锁	强度大，自重相对轻并有较大的锁门打开角度。适用于几乎所有的攀登情况	
梨形锁	锁门打开角度大，专为确保升降而设计	价格相对较贵

性能指标：

不同型号、不同品牌的主锁拉力指数略有不同，数值大致参考如下。

① 纵向拉力：大于20kN。

② 横向拉力：大于7kN。

③ 开门拉力：大于7kN。

主锁使用注意事项：

① 使用过程中锁门要拧紧。

② 尽可能保证纵向受力。

③ 锁门开口侧避免与绳子接触。

④ 妥善保管，避免坠落、撞击。

4. 保护器

保护器用于与绳子连接，产生摩擦力，让绳子减速停止滑动。

目前常用的攀岩保护器有8字环、辅助制停保护器（GriGri）、管式保护器（如ATC和Reverso）等。

8字环

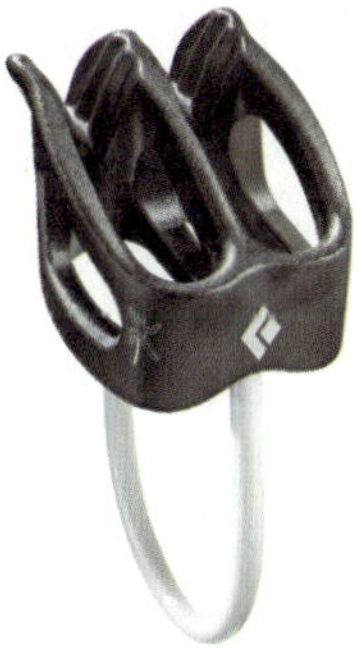
ATC

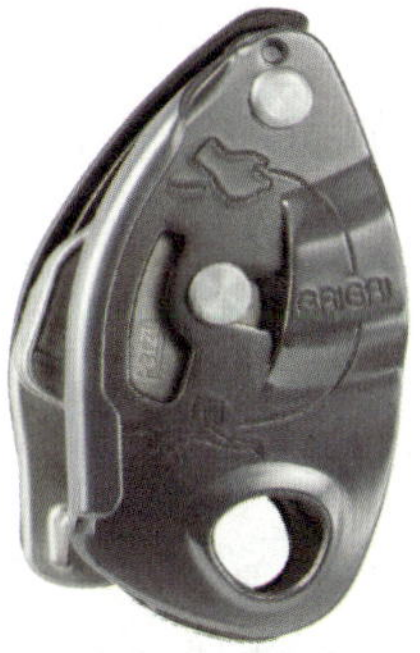
GriGri

Reverso

使用下的Reverso

图5.12 保护器

保护原理性能对照，如表5.2所示。

表5.2 保护原理性能对照

名 称	保护原理	优 点	缺点或局限性
8字环	摩擦	操作简单，通用性强，便宜	重量重，易绞绳，摩擦力小
ATC	摩擦	轻，操作方便，可双绳操作	不能辅助制动
GriGri	凸轮挤压	可辅助制动，保护操作更省力	只能单绳操作
Reverso	摩擦	可双绳操作，结组保护时可辅助制动	

保护器使用注意事项：

必须严格遵守保护器说明书上标明的适用绳子的直径使用范围。

任何保护器使用时手必须始终握住制动端。

5. 快挂

快挂是先锋攀登的核心装备，是由首尾两个只能单向锁定的锁扣与一个织物扁带组成的系统，如图5.13所示。快挂主要用于连接路线上的保护点，形成一个个临时的保护系统，再由绳子与快挂连接，借此相对安全地攀登。

组成快挂的两个单锁一边为直门锁一边为弯门锁。直门锁连接挂片，弯门锁连接绳子。

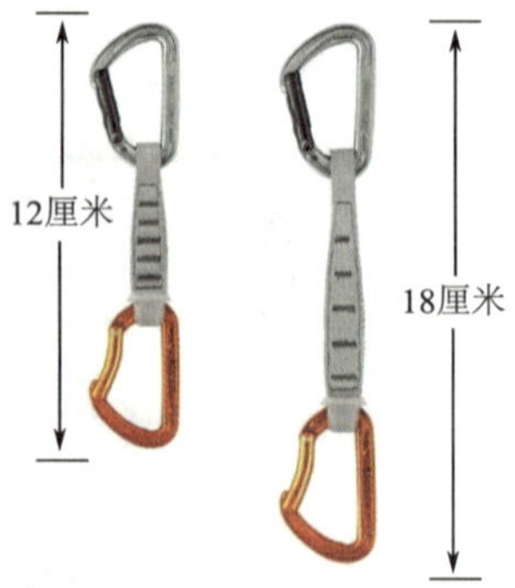

图5.13　快挂

（1）快挂分类

快挂根据形状设计分为管门快挂和钢丝门快挂。两者的区别在于钢丝门快挂比管门快挂轻，便于携带。钢丝门快挂冲坠时不易打开，但解绳不方便，易卡绳，主要还是看单锁的形状和大小。单锁越大，开口越大，绳子就不易卡住。

快挂根据长度分为长快挂和短快挂。长快挂通常18厘米，短快挂12厘米。快挂长短取决于身体具体路线挂片的距离远近。如果挂片远，长快挂方便扣绳。如果路线曲折，长快挂能防止阻绳。但长快挂冲坠距离远远大于短快挂，所以也需要根据实际情况慎重选择。

（2）快挂的数量

确认自己带的快挂数量，至少需要比整条路线快挂多一到两把，以留作顶绳跟攀和结束后收快挂使用。

快挂使用注意事项：

① 放快挂时，快挂下环锁门开口朝向与上端路线走向相反。如果路线向左，则快挂开口朝右。

② 路线起步难度高且第一把快挂在高处不宜放置时，为了安全起见，可以借助挂绳工具挂好第一把快挂。

(3) 挂绳进快挂的手法

① 大把抓。快挂开口方向面对攀岩者，用拇指和食指虎口持绳，用食指与中指固定单锁上端，用大拇指将绳推入快挂。

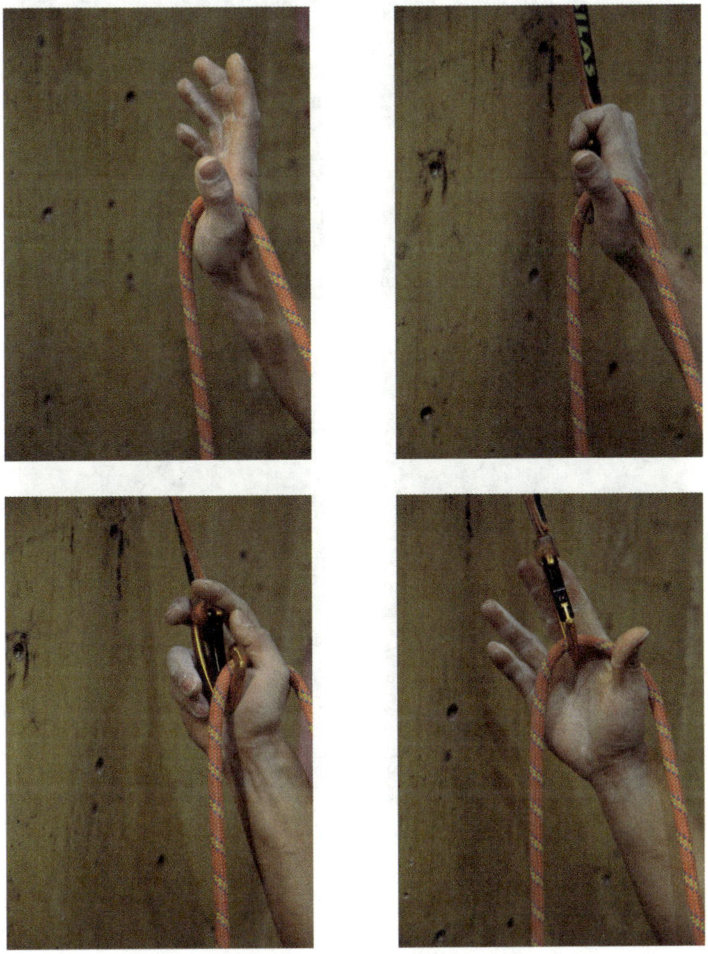

图5.14 大把抓

② Roll Clip。Roll Clip快挂开口方向面对攀岩者，快挂位置高于身体重心时使用较多。

如图5.15所示，用中指和无名指固定快挂的活动端的单锁，用拇指和食指将绳子按入锁中。

图5.15　Roll Clip

③ 拖绳法（Pinch Clip）。快挂开口方向背向攀岩者时使用较多。用拇指和食指握住锁身，用食指把绳子拨进快挂，如图5.16所示。

④ 叉绳法。用拇指和食指虎口持绳滑动，然后拇指和食指捏绳，其余3指握住快挂锁门对侧，把绳子挂进快挂，如图5.17所示。

图5.16 拖绳法

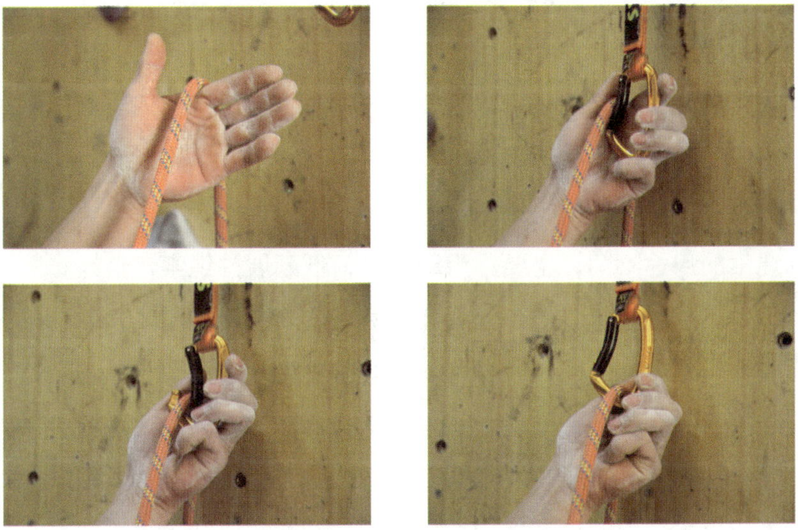

图5.17 叉绳法

6. 攀岩绳

攀岩绳为攀岩者与保护者之间建立起了一种可靠的远程连接，为操作者提供了一个安全的平衡过渡，如图5.18所示。

图5.18　攀岩绳

攀岩专用绳由高强度尼龙编织而成，分表皮和绳芯两部分。攀岩绳有一定的延展性，攀岩者坠落时，绳子可以吸收部分冲击力，进而为攀岩者起到一定保护作用。

绳子分类：

根据绳索的用途不同，主要分为动力绳，低延展性绳索，辅绳。

动力绳的延展性很大，在1.77坠落系数下延展性不超过40%，它用于有坠落的攀登环境，高延展性可以在攀岩者发生坠落时吸收冲击力。

低延展性绳索也是我们常说的半静力绳，延展性低，一般在2%～5%（50/150kg），多用于下降、探洞、救援、工业用途等无冲坠状态下的操作。

辅绳多用于攀登中的辅助保护，如保护站设置、抓结用绳等。

攀岩绳使用注意事项：

① 攀岩绳须符合UIAA或CE认证。

② 尽量避免强烈暴晒。

③ 避免接触油类、酒精、高温、酸性、碱性化学物品。

④ 避免接触尖锐的物体。

使用保养与使用寿命：

① 每次使用前要检查。用手捋一遍，检查确认粗细均匀，柔软适中，表皮无破损。绳子末端打绳尾结。

② 使用中应该用绳筐或防潮布收纳，防止石头、沙子等进入绳芯。

③ 绳子使用寿命根据承受过的冲坠次数、使用频率、磨损程度、使用舒适度等因素决定。

7. 基础绳结

在攀登过程中，绳结打法的正误及打结的熟练程度有时会关系到攀岩者生命的安危，所以熟练掌握各种类型和用途的绳结打法是极为重要的。

在攀登过程中，绳索必须通过攀岩者的身体直接或间接与其他攀登装备、固定点等相互连接和固定，才能起到辅助行进和保证安全的作用，它是攀登、保护技术中所使用的最重要的装备之一。

绳结的种类：

8字结、布林结、意大利半扣、渔人结、双渔人结、抓结、绳尾结、蝴蝶结、双套结等。

部分绳结的用途：

（1）8字结

8字结是攀岩中最常用的绳结，与安全带之间的连接简单易学，如图5.19所示。容易识别正误，强度大，不易松开，但受力强

图5.19 8字结

度大后不易解开。

使用注意事项：

① 受力绳圈尽量与安全带紧密相连。

② 绳结连接的部位，安全带的攀登环，不能与保护环或其他部位连接。

③ 绳结打好后的调整平整，保证受力强度均匀。

④ 绳结打好末端预留10厘米，并打绳尾结。

⑤ 攀爬前再次相互检查，确认绳结无误。

（2）布林结

布林结也是攀岩常用的绳结，如图5.20所示。布林结相对方便快捷，受力强度大后易解开。但受力松紧度不稳定。攀爬时容易导致绳结脱开。难以辨别正误，绳结末端一定要打绳尾结。

（3）意大利半扣

意大利半扣是攀登过程中较少用到的绳结，如图5.21所示。在攀登过程中，在保护器丢失，绳子被卡住等情况下，意大利半扣可以临时代替保护器，作为临时保护下降用。这种方式对绳子磨损较大，使用后绳子会扭曲。

图5.20　布林结

图5.21　意大利半扣

使用注意事项：

① 需配合主锁连接使用。

② 使用前一定要检查，避免制动绳与主锁锁门同侧。

（4）渔人结

渔人结是连接两条不太粗的绳索的结，如图5.22所示为双渔人结。其特点是结构简单，强度高，可以用在不同粗细的绳子上。其打法是将两条绳索各自通过单节绑到另一条绳子上，将两条绳子用力向两边拉即可。

渔人结又称为葡萄藤结。此绳结把两条绳子的绳端绑在一起，是垂降时非常安全的绳结。由于双渔人结的结体较小，并且在垂降后把绳子拉下时也比较省事，因此比编成8字结更受欢迎。双渔人结打结方法与渔人结相同，只是活动端绳头绕过另一条绳时要绕两次，再将绳头穿过各自的绳圈，然后再打上单结（防脱结）。

（5）绳尾结

绳尾结是打在攀登绳头末端的绳结，如图5.23所示，其作用是防止在下降过程中绳子因长度不够从保护器或下降器中脱出，造成危险事故。

图5.22　双渔人结

图5.23　绳尾结

岩友：GaGa
摄影师：兽兽

第二节　攀石保护技巧

攀石也称为抱石，指攀石者在没有绳索保护的状态下攀登不超过5米高的岩壁。攀石主要依靠下面铺设攀石垫进行缓冲保护。攀石是使用攀岩装备最少的攀岩方式。攀石者只需要使用攀岩鞋、粉袋、镁粉，即可进行攀岩。

1. 攀石者自我保护方法

攀岩者都必须有自我保护意识，特别是在没有保护者的攀石运动中。

在攀石过程中，攀石者从高处坠落，尽管有攀石垫进行缓冲保护，但从危险度来看，比顶绳攀登受伤与发生事故的可能性要高。

室内攀石自我保护方法：

① 攀石前要确认路线下面及可能坠落方向下面没有其他人员滞留。

② 攀石到完攀点后或途中要下落前，向下观察落地情况。

③ 攀石路线前要观察路线走向和支点情况，注意路线难点及自己可能坠落的方向与位置。

④ 攀石完成后如果条件允许尽可能爬下去，而非直接落地。

⑤ 发生脱落时，尽量使身体保持竖直，微屈双脚，收腹含胸低头，做好双脚同时着地的准备。

⑥ 当脚落地踩到攀石垫时，有意识地控制身体，争取保持站立姿态。如果下落高度太高，无法保持站立，应顺势弯曲膝盖，臀部向后坐在攀石垫上，背部完全贴合垫子，并含胸收腹，低头将双手交叉抱在胸前。

⑦ 当下坠速度非常快，脚和身体一时无法平衡时，身体可以向一侧旋转翻滚。

⑧ 避免手指或手臂先落地，避免向前跌倒导致头部撞到岩壁，避免头部撞到垫子导致眩晕。

⑨ 尽量不要选择超过自己能力范围的路线，不必去选择过难的路线，特别是一些动作幅度比较大的路线。

2. 攀石保护者保护方法

尽管室内攀石多依靠攀石者自我保护，不过一些特殊路线或在野外攀石缺乏充分攀石垫保护的情况下，攀石保护者的作用还是至关重要的。

图5.24　野外攀石

攀石保护者的作用在于控制攀石者的坠落方向，减缓坠落的速度，减少攀石者可能的落地冲击，引导攀石者安全落地，而不是抓住或接住脱落的攀石者。

攀石保护操作方法：

① 攀石保护者站在攀石者下方垂线向外45° 的位置（随着熟练程度的提高，角度可相应减小，最少不能小于15° ）。将双臂向上举高，肘关节微微弯曲，虎口向上。

② 将注意力集中在对方的核心部位，背部、腰部、臀部是攀石保护者主要实施保护的部位。

③ 当攀石者发生坠落时，用双手托举相应部位，顺势向非岩壁的方向引导并稍加用力帮助其缓冲，直至攀石者安全落在垫子上。

本方法在先锋攀登起步阶段也需要用到。在先锋攀登中，攀石者挂好第一把快挂之前也存在坠落的可能。因此需要攀石保护者在先锋起步阶段先对攀石者进行攀石保护。

第三节 顶绳攀登保护技巧

在岩壁上端预先设置好保护点，主绳通过保护点进行上方保护。攀岩者在攀登过程中无须进行器械操作。

顶绳攀登的好处是安全，脱落时无冲坠力，适合初学者使用。

攀登时，保护点设置在攀岩者顶点上方，这种攀登方式称为顶绳攀登，这种攀登方式所用的保护方式称为顶绳保护或上方保护。

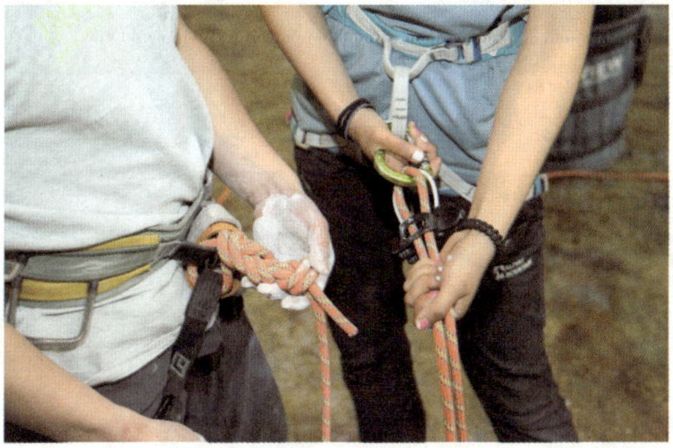

图5.25 攀爬前相互检查

1. 顶绳攀岩保护操作方法（五步操作法）

动作解析以右手为制动手为例。

（1）准备姿势

左手（导向手）抓保护器上端绳子，与眼睛平视高度相同。

右手（制动手）握保护器下方绳子，距保护器一拳距离。

双脚前后站立。

（2）五步保护法基本步骤（如图5.26所示）

第一步：提绳，收绳。双手配合用力，左手往下拽绳，右手往上提绳，双手动作同步，保持双手之间没有多余的绳子。右手将制动端的绳子移到保护器上方，配合左手动作，收紧绳子。

第二步：压绳，制动。右手抓握绳子迅速向右后方下摆，返回到制动端，动作要快，不得在第一步结束后停留。

第一步

第二步

第三步

第四步

第五步

图5.26　顶绳攀岩保护操作方法

第三步：握绳，调整。左手从保护器外侧抓右手制动端绳子，抓好后双手紧贴。左手与保护器保持两拳距离，以免手被夹到。

第四步：握绳，换手。右手再次抓握左手上方绳子，回到准备姿势位置。

第五步：扶绳，回到起始动作。左手放回到保护器上方，抓握绳子。此时，双手位置与准备姿势相同。

2. 顶绳保护过程要点

攀爬前：互相检查，确认全部装备的正确穿戴与使用、充分沟通、保护者站位，如图5.27所示。攀岩者体重超过保护者太多时，保护者需要副保或地保。

攀登前的互相检查

每段攀爬前，攀登者的保护者必须检查以下四个关键部位

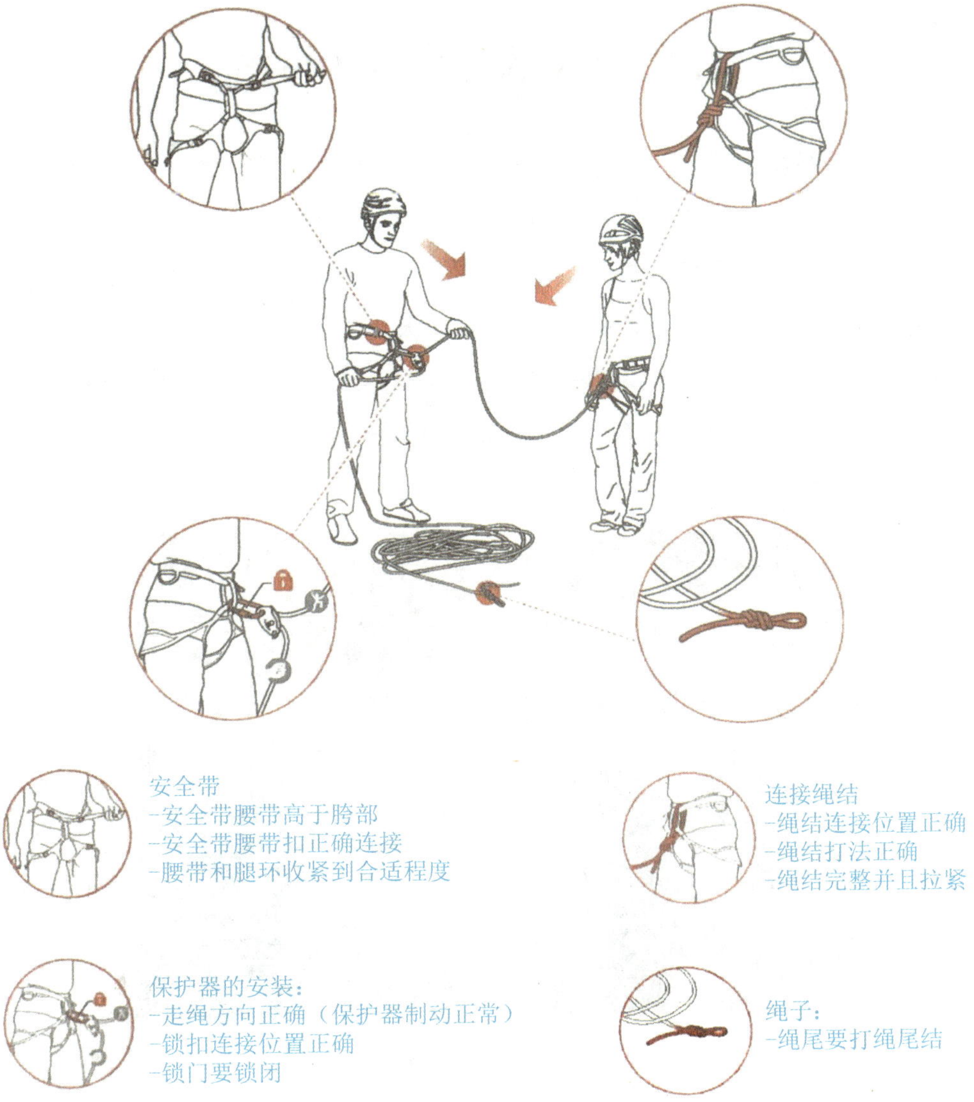

PEZTL 供图

图5.27 攀登前的互相检查

攀爬中：必须保证保护端攀岩绳至少用一只手握住，随时注意攀岩者情况，不要让绳子干扰攀岩者攀爬。保护绳松紧度适中，保护者制动手不要距离保护器太近，以免手被夹住。还要小心衣服和头发不要被夹入保护器。保护者站位、移动均需要迅速有效。保护者与攀岩者沟通要清晰明确。

下降时：沟通确认双方就位，保护者匀速缓慢放绳保证攀岩者平稳落地。

第四节　先锋攀登保护技巧

先锋攀登是指在路线上预先打好若干个膨胀铆钉和挂片，攀岩者在攀登过程中一边攀登一边将主绳挂入快挂中保护自己的运动形式。先锋攀登又分为需要把快挂扣进挂片与快挂已经扣进挂片的两种状态。但在实际攀爬中不做具体区分，能够凭借自身力量，无坠落地完攀该路线，均被视为完成路线。

先锋攀登没有在上方预设保护点，要求攀岩者边攀登边进行器械操作。由于保护支点经常会位于攀岩者下方，因此这种攀登保护方式称为先锋保护或下方保护。

图5.28　先锋保护

1. 先锋保护方法

先锋收绳操作步骤与上方保护法相同，送绳操作步骤如下。

动作解析以右手为制动手为例。

① 准备姿势。左手（导向手）抓保护器上端绳子，右手（制动手）握保护器下方绳子。

② 送绳。左手向上拔绳，同时右手松力却不离开绳子，配合送绳。

③ 回到起始姿势。右手握住制动端，左手回到离保护器约一拳处，准备下一轮送绳。

2. 先锋保护过程要点

（1）保护前的准备

① 观察地形和攀登路线，预想攀岩者任意位置冲坠，保护者最佳的站位与给绳长度。

② 互相检查，确认全部装备正确穿戴与使用。

③ 充分沟通、及时沟通，确保保护及时有效。

（2）先锋保护过程

① 保护时，保护者始终握住制动端绳子。

② 攀岩者挂上第一把快挂之前，绳子不能提供任何保护作用。因此保护者需要先进行保护，同时将绳索搭在手上。避免攀岩者坠落发生意外。

③ 当攀岩者挂入第一把快挂时，保护者迅速收绳，避免攀岩者没有挂入第二把快挂脱落。保护者合理把握绳子的松紧度，避免攀岩者直接掉地上。

④ 保护者合理的站位可以避免攀岩者脱落时不与绳子发生摩擦，保证给绳灵活，同时更好地观察攀岩者。

⑤ 给绳时机把握合理，判断好攀岩者的提绳挂快挂的时机，不能给绳过早，万一攀岩者这时脱落，给绳过多冲坠距离越大，危险相应就越大。也不能延迟给绳，影响攀岩者攀爬，甚至发生脱落。

⑥ 绳子的松紧度适中，不能太松，也不能太紧。

⑦ 保护者与攀岩者随时沟通。

⑧ 保护者集中精力关注攀岩者，眼睛不要离开攀岩者，随时注意攀岩者的动作，确认攀岩者攀爬的大方向没有问题，脚没有进绳，如果有冲坠也可及时反

应。冲坠后，在安全范围中给予最大缓冲。

⑨ 保护者需避免攀岩者冲坠到平台。在侧棱路线，保护者应避免侧棱割到绳子。

3. 其他注意事项

① 攀岩者要谨慎选择保护者。不要选择不熟悉的保护者，应选择岩场教练或自己熟悉的搭档做保护者。

② 保护者务必专心，这关系到攀岩者的人身安全。

③ 攀爬前双方必须仔细检查自身与对方的每个细节，不存丝毫侥幸心理。

④ 攀岩者停止活动，可先做出制作动作。双方沟通言语要及时准确。

4. 先锋攀登与绳子的关系

先锋攀登要处理好攀岩者与绳子之间的关系。绳子放在双腿之间或身体外侧，避免脚在绳子里面。若脚在绳子里面，冲坠时容易被绳子绊住，使身体翻转，导致碰伤。

图5.29所示为错误位置示范。

大腿在绳子内侧

脚踩绳子

图5.29　错误位置示范

常用的攀登术语如表5.3所示。

表5.3 常用的攀登术语

	攀 爬 者	保 护 者
攀登前的交流	准备攀登（On belay？）	保护完成（Belay on！）
	开始攀登（Ready to climb!）	攀登（Climb!）
攀登过程中可能的对话	给绳，松绳（Slack）	OK
	收绳（Take）	OK
	注意，要坠落了（Watch me）	收到（I'm with you）
	放我下去（Dirt me）	OK
	坠落（Falling）	—
	落石（Rock）	—
攀登结束时的交流	下降（Lower me down）	开始下降（OK）
	解除保护（Off belay）	保护解除（Belay off）
	落绳（Rope）	—

岩友：吕秋彤
摄影师：王哲

第六章 攀岩运动中恐惧与应对方式探索

攀岩的一切都建立在安全的基础上，就算是纪录片《徒手攀岩》的主人公亚历克斯·汉诺尔德也是在充分准备之后才进行徒手攀岩的。每个人对危险的认知有所不同，无论自己的危险边界在哪里，只要从事攀岩运动，对攀岩运动风险都应当有自己的思考与认知，而非不假思索地贸然攀爬。

当然，我们也无须惧怕风险。面对风险时会感到压力和害怕，这不只是在攀岩时才有的事。户外运动都有一定程度的风险，几乎所有运动都有或大或小的风险，竞技者也在和风险战斗。不仅徒手攀登，登上高处的攀岩运动本身都是高危项目，伴随着面对风险的压力和害怕的行为。

而攀岩和其他运动的不同点是，可以通过自己选择的方式决定风险的大小。攀登同一条路线也有顶绳攀登、先锋攀登、无保护攀登几种风险大小差别很大的方式。攀岩特有的深奥和趣味性就在于可以根据自己的能力选择适合自己的方式，这是其他运动基本没有的、很有魅力的方面。

第一节　攀岩风险预测与评估

没有人能够绝对意义上消除恐惧。接受恐惧，合理恐惧，把恐惧当成一件理所当然的事。

合理的攀岩恐惧可以使攀岩者对攀岩运动更加认真对待，自身保护更加完备，不合理的攀岩恐惧则会阻碍攀岩者的攀登表现。

攀岩者中也有少数不会感到害怕。对攀岩毫无压力的人，这其实是危险的征兆。在风险高的攀岩中“害怕”这个信号非常重要，正是这种害怕，才是为了降低风险慎重考虑再行动的原动力。心理真正强大的攀岩者不会发生事故，在危险时可以通过自己的力量脱困。无知无谋的攀岩者不能称为心理强大。一个真正强大的攀岩者，能够掌控自己管理自己。

风险预测与评估：

找出攀岩让自己觉得有风险的问题在哪里。

验证找出的风险，确认感到有风险的是不是对自己真的构成威胁，筛选掉不能构成威胁的。

看看剩下的风险能不能尽可能降低，如果可能，就努力降低。

对还剩下的风险，想想自己是否能克服，如果能就尝试，如果不能就放弃。

第二节　审视自己的攀岩心理

经常看到比赛之前慌慌张张的人，不是不理解那种心情，但是那样一点用都没有。人类被不安席卷的一个重大原因就是不知道原因。例如，健康诊断发现异常的时候，医生说“下次来做一个精密的检查”，人们大多都会变得不安。但是接受诊断知道原因之后，应该就会消除对无知事物的不安。

直面恐惧，把经常阻碍自己表现重复出现的恐惧写下来。当恐惧出现时，用逻辑和理智具体对应。

1. 通过攀爬审视内心

前面在讲精进攀岩动作技巧时提到，想要精进攀岩动作，首先要审视自己的攀岩动作。同样，在审视自己攀岩动作的同时，也需要审视自己的心理恐惧。

自身心理在攀爬中起到了哪些积极或消极的作用。找出因为心理因素影响攀爬的要素，克服不合理的攀岩恐惧。

发现不合理的攀岩恐惧，在负面问题变得严重前消除或消化掉它们。

扫描身体，判断自己是否在攀岩中呼吸不够均匀有力，是否过度用力抓点导致肌肉僵硬，是否在能力范围内的路线脱落。

2. 与自我交谈

（1）识别自己隐藏的不安

“太高太可怕啦。”“我不敢冲坠啊！”“保护者我不熟悉要不要爬啊？”

“爬不上去就尴尬了……”“大家都在看我……”“赶紧放我下去！”

“路线看起来很难。”“我太矮，臂展不够。”“路线不适合我。”“今天不是我的最佳状态。”

上面三组自我暗示是攀岩中非常普遍的消极暗示，害怕冲坠、害怕失败、自我否定。

攀岩者可以通过语言察觉自己的心理状态，包括那些没有说出口的话，进而识别自己脑海中隐藏的胆怯与不安。

（2）区分哪些想法基于事实，哪些是假想

健康的想法往往是以事实为依据，而假想则容易让人陷入负面情绪。

自我交谈是对自身想法的梳理，明确想法与行动要基于自己拥有的东西，而非没有的东西。

岩壁的高度与路线难度都是可以提前获取的信息，即事实。前面提到如何选择一条路线，既然已经选出一条适合自己的路线，那么“太高”“太难”便是可击碎的主观臆断。“我太矮，臂展不够。”等种种理由看似是客观事实，实则在路线被比自己更矮小的人完成时就会发现，原来也是假想。

当人们处于困境，很难清晰地区分自己的想法基于事实还是假想，这时通常要坚信自己积极的判断。

（3）对负面话语坚决说“不”

比起正面积极心态，消极的情绪仿佛更容易无孔不入。当攀岩者意识到自己的不安会左右自己的想法，进而影响自己的行动时，更要有意识地抵御负面想法，强化自身积极的特性。

对所有的自我交谈多加留意，粉碎负面话语，建立一套有根据的、积极的说辞。

“这条路线看起来很有挑战，我会尽力爬。”“我会找到适合我的动

作。”“身体热身充分，肌肉充满力量！”“我训练很刻苦，一定会有收获。”“尽情享受攀爬！”

（4）遗忘担心和投入到当下

当遇到问题的时候，人们很容易会沉浸在对问题的担心中，很少有人能从担心中跳出来，而把精力放在解决问题上。但这正是需要我们学会的。可以通过转移注意力和迅速投入当下事情，来遗忘这种担心。除此之外，冥想也是一种非常有效的，从担心、恐惧等心理中跳出来的办法。

（5）自我激发

首先，让自己尽早体验到成功的喜悦，可以从一些难度小、风险性小的路线开始挑战，以简单的成果作为起步，可以建立自己挑战更难路线的信心。

其次，定制攀岩目标。当决定将攀岩作为自己的爱好，就要持续地为这件事情努力。目标是支撑攀岩者心理的基础、顶梁柱，是粉碎不安与恐惧最强大的利器。

LA SPORTIVA供图

第三节 常见的不合理恐惧

1. 害怕冲坠

（1）判断是危险还是安全冲坠

考虑攀岩中对坠落的害怕心理，攀岩者对冲坠的恐惧通常来自三种状况，知道冲坠是安全的但害怕、不知道是否安全所以害怕、认为冲坠是危险的。据此针对性地，给大家一些克服坠落恐惧心理的行动方法。

（2）应对害怕冲坠心理的方法

① 在安全状况下害怕。知道冲坠是安全的，但还是害怕。推荐这类攀岩者做安全冲坠的练习。冲坠练习适合在没有障碍物的大攀岩馆中进行。悬挂着，一开始从很低的地方，然后慢慢升高做冲坠练习。

学会冲坠会觉得攀岩更有趣。虽然这个练习需要勇气，但对不能克服恐惧心理的人来说效果明显。

通过冲坠反复锻炼坠落姿势，让好的姿势成为无意识的动作。

不要去抓绳子，冲坠时抓绳子是一种无意识的坏习惯，要有意识地去改正。

攀登的时候大脑中空出一小块儿，想想如果现在坠落要以什么样的姿势冲坠。力气用尽时、脚下的倾斜比较和缓时、有大支点突出来时，尤其要想想坠落的姿势。

要和熟练的保护者一起攀登。如果保护没做好，不管坠落训练做得多好都没用。

② 不知道安不安全。不知道安不安全的冲坠可以分为两种情况。

a．很难判断安全危险的情况。这种情况下没有安全保证，划为危险领域。

b．没有判断安全危险能力的情况。尤其是在户外的时候，有没有这个判断能力，很大程度上关系到能攀登的路线范围。攀岩是危险还是安全的很大程度上取决于个人资质，也就是说，看实力。

要提升判断安全还是危险的能力有以下几点。

a．养成观察的习惯，在观察中挑没有危险的地方。

b. 实际去攀登，验证一下。

c. 自己的观察判断正确与否，与实力高超的攀岩者相对照。

③ 认为冲坠是危险的。克服恐惧心理的方法是选择一个绝对不会掉下去的难度，渐渐提高难度。在此基础上，努力提升自己，方法非常简单，就是提升自己的Onsight等级。因为Onsight等级和绝对不会掉下去的等级几乎是成正比的。

也可以提高自己爬下去的能力，这个能力不管在攀石还是在路线中都是必需的。往下爬的前提是，攀登的时候必须要记住几个比较难的支点。屋顶状的岩石下的脚点从上边是看不见的，所以要特别注意。

2. 害怕疼痛

从攀岩鞋开始就注定攀岩不是那么愉悦的运动。害怕疼痛也可以通过定制目标解决。

3. 害怕失败

运动没有失败就没有收获。失败指出了改进的方向。

摄影师：董婧媛

将害怕转化为积极的动力，通过确认自己的准备和训练消除对失败的恐惧。有效的准备、科学的训练、良好的营养、充足的休息、优秀的支持团队，会让你心无旁骛，你会专注、全力以赴地攀爬。差劲的准备会导致害怕、焦虑，消极态度。

第四节 以行动支撑心理

思考包括设立目标、制订计划、分解目标、适应紧张、与压力和平共处、回味攀登成功的欣喜等。

行动包括深呼吸、给自己制定过程并实行、自我交谈、不输任何人的辛苦练习等。

心理强大的攀岩者实际上很擅长管理思考和行动，这是有计划、持续性形成的。

1. 定制攀岩目标

目标是支撑攀岩者心理的基础、顶梁柱。目标是像梦一样的缥缈的也好，是有实现可能的也好，最重要的是，目标一定要是攀岩者的心声，是自己最想做的事。长久持续攀岩肯定会有痛苦的时期，停滞的时期，这时候由倾听自己心声制定的目标就会成为攀岩者强大的支柱。

目标是心理的核心，所以目标不应该由别人来决定，即使是孩子和青少年，也希望遵从他们本人的意思，由他们自己决定。

（1）制订一个达成目标的计划

计划是攀岩目标的行动计划。如果计划制订得好，按计划行动可以产生一定成果，攀岩者的攀爬动力会更足。目标和计划是强大的意志、积极的思考、不屈不挠行动的重要心理基础。

（2）目标定大一点好

如果自己心中有了难易度的限制，自己的突破也会受到限制。曾经5.12难度就是值得骄傲的难度，现在青少年一代是在身边人攀登5.13难度中入门的，对他们来说，5.13难度只是个必经阶段。当然也有练习环境和身体柔软度不同的原因，但建议在知道自己精神的界限、打破界限的难度的情况下，把目标定得大一点。

（3）分解目标

如果目标定得很大，那么通向达成的路途就会遥远，可能到实现需要花上几年的时间，所以保持这种心情就有些难度。支撑动机的一大要素就是成就感，小小的成就感的累积可以增加自信，所以将目标分解是很重要的。

2. 构建攀爬固定程序

固定的程序输出固定的结果，建立一套详细的攀爬前固定动作，把身心调整到最佳状态。固定程序越详细、越精准，效果越好。

LA SPORTIVA供图

固定程序有以下几个心理效果：提高集中力、预防消极思考行动、减少不安和紧张。它最主要的目的是在心理方面，告诉自己接下来就要攀登了，将注意力集中起来。例行动作是自己决定形式，平时就开始做，重要的是每次提醒自己攀爬或比赛前转换状态。

每个人都有适合自己的例行动作，平日里注意验证什么样的方法能集中自己的注意力。下面是常见的攀岩者的例行动作。

① 自己一个人听喜欢的音乐。

② 休息的时候有意识地和朋友聊天。

③ 攀登前闭眼深呼吸。

④ 和自己聊天。对自己说“能蹬上去的”“绝对能赢”“好了，开始吧”等，这时的话一定要是积极的。在攀岩开始之后就不好自我聊天了。如果是攀石项目，在休息的时候，可以对自己说“冷静”“注意力集中到脚上”“深呼吸”等。

一旦证明固定程序有用就坚持下去。

无须追求完全无恐惧的完美，也不要因固定程序被破坏而影响攀爬。

3. 攀爬中的深呼吸

连着做困难动作后会产生不平稳呼吸，可以通过深呼吸来缓解紧张情绪。攀爬过程保持深而均匀的呼吸。通常呼吸齐整，心情就会稳定，注意力容易集中，还有放松的效果。

第五节 行为和思维决定攀爬成绩

有意识地培养积极的过程导向的想法，消除其他可能出现的假想恐惧，无论是积极的还是消极的假想。行为和思维决定了攀爬成绩。

1. 与消极思想和平共处

面对自己选择的喜欢参与的运动和比赛，本能地很难接受陷入消极思想。但消极思想是谁都会有的。

大家要知道，消极思想是平等的，会找上每一个人。在比赛前，或是尝试一条困难路线的时候，很少有人思想是完全积极的。不要试图消灭消极思想，然后拼命去压制。消极思想是无法被完全击败的，专注于对抗消极思想反倒使人分心。优秀的攀岩者要学会与消极思想和平共处。

2. 轻微焦虑紧张是正常的

集中注意力在攀岩上，关注与表现密切相关的事情，如精准的脚法、快速移动。能力有限，不要浪费在担心上。紧张或焦虑难以避免，通过深呼吸、放松、冥想等有效缓解自己的负面压力，保持理想的攀爬状态即可。轻微的焦虑和紧张是正常的，从某种程度上紧张也是有益的。它能帮助你集中注意力，充满能量。

3. 拼尽全力不可能会输

超过限度的练习和测试毅力的严酷训练可以使攀岩者身体强壮，更能够加强攀岩者心理承受力。在运动的世界，为了瞄准一个更高的目标，偶尔超过限度的训练、逼迫身体的经验，也会成为一种收获。

4. 品味攀登的喜悦

不管攀岩生活多么一帆风顺，长年持续攀岩，一定会到达一个不能再攀岩的时期。尝过因为受伤和事故、家庭和工作的原因不能再攀岩的痛苦的人，都知道能四肢健全、精神稳定地攀岩是一件多么幸福的事。可以将不能攀登的时期当作一个动机，身体状况不能再提升，只能笨拙地攀登的时候，更能体会“只要还能攀登就是幸福的”。

岩友：攀岩从业者、国家一级攀岩定线员：魏俊杰
摄影师：Jack Tan

附录A 常见攀岩英语词汇

A

ATC (Air Trafic Controller)：BlackDiamond生产的一种保护器械。

B

Bail：各种原因中途放弃攀登。

Barn door：开门。手脚支点在同一直线，而且重心不在此线下方，身体不可控制地以此线为轴像栅栏门那样旋转。

Belay：保护。

Belay station：多段结且路线、段落之间的保护站（如有铁链的双岩栓）。

Belayer：给攀岩者提供保护的保护者。

Belay on（美）、Climb whenready（英）：保护者为攀岩者做好了保护准备。

Below（英）、Rock（美）：当东西（如石头等）从上面坠落时发出的警告。

Beta：关于未攀登过路线的一些资料。

Beta flash：知道了一些Beta 后，一次先锋到顶不掉下来。

Big wall：要持续几天的岩石攀登。器材多到非要用副绳拉。要在壁上过夜。

Bolt：岩石栓。

Bomber：一个十分坚固的东西——保护点，支点。从“Bomb-proof”演变而来。

Bomb-proof：十分可靠的保护点。

Bong：一种特大的岩石钉。

Bootie：捡到的别人有意无意留下的器材。

Boulder：攀石攀登。在大石头或不高（一般低于6米）的岩壁上无绳攀登。

Bounce：从很高的地方下坠。攀登中更常用的意思是在Aid climbing时，把绳梯挂在新支点后，在绳梯上蹦几下，以确保新支点是可靠的。

Bowline：布林结。

Bucket：一个大的手点。

Butterfly knot：蝴蝶结。

Buttress：耸立在主峰前的岩石或山。

C

Campus：一种动态、只用胳膊的攀爬。

Campus board：一种带有条的训练板，可训练动态动作和指力。

Chalk：防滑粉，镁粉。

Chausey：不好的岩石状态，易碎的，到处松动的。

Chest harness：全身安全带。

Chickenhead：一种小突起样的岩石形态。

Chimney：能容下攀岩者（大部分）身体的宽裂缝。烟囱攀登技术。

Chipped hold：自己爬不上去就动用锤子钢钎凿出的支点。

Cirque：环绕或半环绕状的陡山壁，经常是上个冰川纪冰川开出来的。

Class：等级。

Clean：清理一条路线上的保护装置，通常为第二攀岩者做。

Cliffhanger：一种小的、能挂住小突起或小洞的岩钩。

Climbing gym（美）、Climbing wall（英）：攀岩馆。

Climbing shoes：攀岩鞋。

Clip：将绳子放入铁索。

Col：山坳，山口。

Corner：内角，内墙角。

Crack：裂缝。

Crag：小的短路线的攀岩地点。

Crampons：冰爪。

Crater：坠落到地，原意是陨石坑。

Crest：山脊的顶。

Crevasse：冰裂缝。

Crimper：只有指间大小的点，而且一般要用Crimp手型来爬。

Crux：在一条攀登路线或一段路线中最难的部分。

D

Daisy chain：菊绳。一种缝或系一些环的扁带。为了方便调节扁带长度。

Deadpoint：动作曲线的最高点。这时身体在不到一秒的时间呈无重状态，然后开始下坠。

Descender：下降器。

Dihedral：向内的转角。

Dog (to dog a move)：为了通过路线中的一段，从脱落处重新开始，直到完成某个特定的动作，通过这一段路线。吊在绳子上反复演练最难的部分。

Double fisherman's knot：双渔人结。

Double rope：双绳。

Down-climbing：下攀。

Dynamic belay：动态保护。冲力很大时适量放绳以减少对保护点的冲击力的保护方式。

Dyno：动态的移动。

E

Edge：岩石表面的尖利边角，棱。

Edging：一种重要的攀岩技术。用脚内外侧靠边的地方支撑发力，与用脚掌“摩擦”相对。

F

Face climbing：攀登没有裂缝的岩石。

Fall：坠落。

Fall factor：下落系数，为下落距离除以有效绳长。

Feet：脚点。

Figure 8：8字环。

Figure of eight：8字结。

Fingerlock：将手指涨入、插入岩缝后锁住。

Fisherman's knot：渔人结。常用于接绳。

Fixed pro：以前留下的膨胀栓、岩钉、铁环等保护装置。

Flared：裂缝呈张开、开放式的样子。

Flash：对于一条路线，在以前没有爬过的前提下，一次完攀。

Free climbing：攀登过程中只使用手、脚和自然支点。不可借用绳子和保护器械。

Free solo：完全不用绳子保护徒手攀登。

G

Gerry rail：像扶手一样的大支点。

Grade：标识路线难度的等级。

Grigri：Petzl 生产的一种能辅助制动的保护装置。

Gripped：害怕得撒不开手。

Gumbie：无经验或新的攀岩者。

H

Handjam：用手插入、涨入岩缝。

Handle：在攀岩馆中常能看到的门把手型的岩点。

Harness：安全带。

Headwall：正面直对的陡壁。

Helmet：头盔。

HMS：方便使用单叶结（Munter Hitch）的宽圆锁。

Hold：支点。

Horn：尖角。

I

Italian hitch：意大利结或单环结（在HMS标记的主锁上可用于保护）。

J

Jam：将身体的一部分塞入岩缝。

Jug：大而有凹槽的支点，可以轻松被抓住。

K

Karabiner：主锁。

L

Largo start：攀登起步时第一个支点很高，需要蹿跳。

Layback/Lieback：侧拉。

Leader：先锋攀岩者。

Lead：领攀，先锋攀登。

Ledge：平台。

Locking biner：带锁扣的主锁。

Lock-off：单臂抓住支点锁住。

Lowering：降下人或物。

M

Manky：看上去很不结实的、以前打的膨胀钉。

Mantle：手掌撑起身体然后脚踩在同一点站起来的动作。

Mixed climbing：冰岩混合攀登。

Mountain rescue：高山救援。

Multi pitch climb：多段攀登。一个pitch一般指一个绳长，但pitch的长度与保护点选择和路线弯曲等有关。

N

Nailing：用锤子敲。

Nut：岩石塞，塞入岩石缝中的楔形金属块保护装置。

Nut key Nut tool：摘取岩石塞的金属工具。

O

Off belay：撤下保护。当先锋攀岩者不需要保护时对保护者说。

Off width：用涨手太大但用爬烟囱技术又太小的裂缝宽度。

On belay：先锋攀岩者确认保护者已做好保护准备。

On-sight：事前不知道某路线的攀爬信息，第一次爬该路线就无坠落成功完攀。

Open book：两平面岩壁的向内交叉处。内墙角。

open-hand grip：靠手掌或前指节的摩擦抓住。

Outside corner：两平面岩壁的向外交叉处。外角，边角。

Over-cam：机械塞放置时挤压成最小的尺寸，然后就很难取出来了。

Overhang：俯角。

P

Pass：山口。

Pendulum：荡。像在秋千上一样地悠荡过去，用于借助支点的横切。

Pig：吊袋。

Pink point：多次尝试后能够完攀挂好快挂的路线。

Pitch：两个主保护点间的距离。不超过一根绳长。

Piton：岩石钉。

Pocket：岩石上的凹坑，多指洞支点

Pro, Protection：下降保护点。

Prusik：抓结，从发明者Dr.Prusik处得名。

Pumped：由于肌肉过度疲劳而产生的肿胀感觉。

Q

Quickdraw, quick：快挂。由首尾两个只能单向锁定的锁扣与一个织物扁带组成的系统。

R

Rack：整套攀登器材，一般指保护器材。

Rally：很容易的攀登。

Ramp：缓慢上升的斜坡。

Rappel：下降。

Rating：技术攀登的等级。

Redpoint：红点。攀岩者可以尽可能多地收集路线信息，可以对路线进行反复观察和试攀，最终成功完攀。

Resident protection：下降后留下的保护点。

Ridge：山脊。

Ring：为下降和上方保护使用的大铁环。

Roof：屋檐。

Rope：绳。

Route：路线，路线。

Runner：套在石头上的扁带圈。

Runout：两个保护点之间的距离。经常用来形容保护点之间距离特长。

S

Schwag：糟糕的岩壁情况。

Scrambling：很容易的攀登，通常不用绳子。

Screamer：在保护系统中一种减少长距离坠落的特殊装置。

Scree：碎石坡。

Screw gate：丝扣锁。

Serac：冰川上的冰瀑布里的大块碎冰。

Sewing-machine leg or arm：由于紧张，胳膊或腿像发电报般哆嗦。

Sewn-up：由于放置太多的器械，一条路线看上去像被针钱缝上一般。

Sharp end：在先锋攀岩者那端的绳子。

Short roping：短绳技术。两个攀岩者用中、短长度的绳子连在一起。剩下的绳子卷起背在肩上。

Sit start：在攀石攀登中以坐姿起步。

Sierra wave：连续的凸透镜云，有风，要变天的标志。

Sketch pad：攀石攀登中用于保护的垫子。

Skyhook：天钩。大岩壁中使用的一种钩子。

Slab：角度不大的平整的岩壁。坡面。

Sling：绳套，扁带圈。

Slingshot：顶绳保护。保护者站在地面，保护绳通过顶端的保护点。

Sloper：斜面点。

Smearing：一种重要脚法，用脚掌面摩擦在岩石面上，最大限度使用岩石面上的微小起伏和粗糙性质。

Soloing：没有同伴，单独攀登。可能有绳子保护。

Sport climbing：运动攀登。通常指室内或室外攀登用螺栓为保护点的路线。只追求动作技巧难度，尽量减少危险。

Stem：两脚分得很开，主要是靠侧向的相对支撑力站住。

Summit：山或岩壁的顶。登顶。

T

“Take” “Take in”：让保护者收紧绳子。

Talus：乱石头坡。

That’s me：跟攀挺在领攀挺收绳时告诉领攀绳收紧了。

Tick marks：攀石攀登中用于标记支点的镁粉印。

Topo：路线简图，有已经存在的保护点标志和简单地形标志。

Top-rope：顶绳攀登。

Trad：传统攀登。特点是领攀者一边攀登一边在裂缝或石洞中放置保护装置，跟攀者拆下保护装置。

Trad fall：传统攀登中的坠落，可能有严重后果。

Traverse：横切攀登。

Trucker：十分可靠的保护点。

Tunnel：可使用扁带或细绳穿过做保护点的石洞。

Twistlock：通过弹簧锁住的主锁。

U

Undercling：反提。

Up Rope：收绳。收紧绳。

V

Verglas：岩石上结的薄冰。

W

Watch me：注意！

Weighting：把体重加在保护点上看能不能承受得住。

Whipper：长距离下坠。

参 考 文 献

[1] 国家体育总局职业技能鉴定指导中心组编．攀岩[M]．北京：高等教育出版社，2012．

[2] 朱江华主编．攀岩运动教程[M]．上海：东华大学出版社，2011．

[3] 刘常忠编．岩之有道——刘常忠教攀岩[M]．上海：学林出版社，2012．

[4] （法）拉布尔沃，（法）布莱著．户外攀岩爱好者手册[M]．北京：人民邮电出版社，2015．

[5] 王培善主编．攀岩运动教程[M]．上海：同济大学出版社，2019．

[6] （法）Serge Koenig．攀登指南——更安全 更高效[M]．成都：四川科学技术出版社，2016．

[7] （英）奈杰尔．谢泼德，攀岩圣经[M]．北京：机械工业出版社，2016．

[8] （日）PUMP CLIMBER'S ACADEMY. CLIMBER'S BIBLE[M]．东京：有限会社フロンティアスピリッツ，2017．

[9] （日）東秀磯．攀岩技术教本详细图解——抓撑转跳我就是蜘蛛人[M]．台北市：旗标出版股份有限公司，2018．

[10] （日）千葉啓史．運動脳をグングン鍛える チバトレ.[M]．东京：株式会社晶文社，2018．

[11] （美）Eric J Hors．How to Climb 5.12[M]．Chockstone Press，1997．